老子入門

楠山春樹

講談社学術文庫

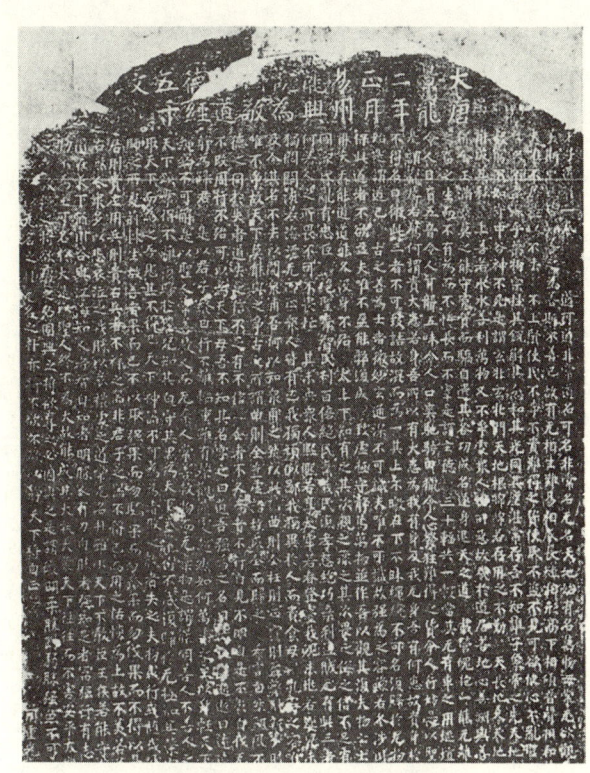

易県龍興観道徳経碑（部分，230頁参照）

はじめに

本書の前身は、一九八四（昭和五十九）年、集英社で企画された「中国の人と思想」全十二冊のうち、第四冊の『老子』である。企画は、有名な言葉を中心として、『老子』の思想を現代的意義にも留意しつつ平易に解説する、ということであったが、幸いにその書は好評を得て、版を重ねているという。

今般、講談社から「学術文庫」の一冊に加えたいとの申し入れに接し、著者冥利《みょうり》に尽きることとお受けした次第であるが、さて二十年前の旧著をそのまま印刷に付するわけにもいかない。まず、その間の一九九三年、湖北省荊門《けいもん》市の郭店楚墓《かくてんそぼ》から「竹簡《ちくかん》老子」が出土したことにちなんで、新たな書き加え、あるいは記述の訂正が求められてくる。この点を別にしても、いま改めて読み直すと未熟の箇所も多々見えてくる。何よりも「学術文庫」を冠しての再出発ということになると、そのための改稿や、削除・補筆が必要である。

本書では旧著の解説部分を全面的に書き改めたほか、巻末に付した「謎の人、老子」が、『老子の人と思想』（汲古選書、二〇〇二年九月刊）に収めた「史記老子伝の成立ち」と重複する部面があるので削除した。本文はほぼ旧著を踏襲したが、有名な言葉を含む各章はできる限り全文を示し、その言葉の背景をより明らかにするよう努めた。また各項は、あわせて趣意を同じくする言葉を挙げたり、時に関連する事項を特記するものであるが、目次はそれらを一覧できるよう工夫したつもりである。

『老子』という書物は、字数でいうとわずか五千数百字の小冊子であるが、さて一章から八十一章まで読み通すとなると、なかなかに難事業である。またそれによって、断片的語録の、雑然たる集成ともいうべき『老子』の思想を把握することは、さらに困難である。その点を考慮して本書は、親しみやすい言葉を手がかりとして、漸次《ぜんじ》『老子』の思想の全般に迫ることを意図している。『老子』の思想に関心のある人にとって、これから『老子』を読もうと志している人にとって、本書が恰好《かっこう》の手引きとなれば幸いである。

おわりに、本書の刊行をすすめて下さった学術文庫出版部担当部長の福田信宏氏、及び実務を担当された布宮慈子氏に対して、深甚の謝意を表しておく。

二〇〇二年十一月三日

楠山春樹

目次

○は立項の言と趣意を同じくする他章の言葉
◉は立項の言に関連する特記事項

第四章　無為の治

老子入門

序章一　老子という人物

老子《ろうし》の思想を論ずるに先立って、まずその人物について一言すべきであろう。ところがその老子なる人物の経歴は一切わからない。司馬遷《しばせん》の『史記《しき》』に「老子伝」が設けられているが、それは後世に虚構された伝記であって、実像ではない。一方、その著とされる『老子』は、彼の言葉をたんたんと記すだけで、背景となる人名・地名の類《たぐい》はまったく見いだせない。ここにも著者の経歴を探る手がかりは皆無なのである。

そもそも老子という名称からして問題である。いわゆる諸子百家《しょしひゃっか》は、その姓に先生を意味する「子」をつけて、孔子《こうし》・荘子《そうし》などと称するのが通例であるが、老子の場合、「老」は姓ではない。「老」もまた敬称であって、老子とはおそらく老先生の意であり、本来は普通名詞であったはずである。察するところ、『老子』の著者は、始めからその姓名を表すことを好まず、老子という匿名《とくめい》によってその信条を述べていたらしい。

ところが、その思想が世の注目を集めるようになると、老先生というほどの意味であった老子は、そのまま固有名詞として通用するようになる。そうなると、次には著者老子とは何びとぞやという詮索《せんさく》が始められることは、けだし当然であろう。そして戦国の末から漢初にかけて、老子を奉ずる人々の間には、老子なる人物についてさまざまな虚構がなされることとなるが、それらを一応取りまとめたのが『史記』の老子伝なのである。

さて、『史記』老子伝は、大要《たいよう》次のように述べる。

老子は楚の苦《こ》県（河南省東部の鹿邑《ろくゆう》県）の出身。姓は李《り》、名は耳《じ》、字《あざな》は聃《たん》。周（東周）に仕えて守蔵室の史（文書課の書記といったところか）をつとめていた。

——①郷里、姓氏、官職

若き日の孔子は、嘗《か》つて周都洛陽《らくよう》に老子を訪ね、「礼」について教《おしえ》を請《こ》うたが、その折に老子は、孔子の奉ずる「先生の道」が当今には無用であるゆえんを説くことにはじまり、とくに理想を掲げて世直しに東奔西走《とうほんせいそう》する処世態度について、延々と苦言を呈した。思い上がりと自己顕示とを厳しく戒《いまし》める趣旨である。会談を終えた孔子は、弟子たちに向かって、捉《とら》えどころのない老子の偉大さを語り、「龍のようなお方だ」と評したという。

——②孔老会見（孔子問礼）譚《たん》

老子は自隠無名（目立たず、名の聞こえないこと）を信条として長年周《しゅう》に仕えていたが、やがて周の衰運を見定めて隠退《いんたい》を決意し、ある関所に向かう。そこには関令（関所の長官）の尹喜《いんき》が待ち受けており、隠退の前に教訓を残すよう懇請する。老子は、上下二篇五千字の書、すなわち『老子』を著して尹喜に与え、関をあとにするが、その後、老子の消息を知るものはいない。

——③去周、入関、尹喜との邂逅《かいこう》、『老子』著作、出関

老子は戦国の末ころになると、一般に老聃《ろうたん》と称されていた。『史記』に老聃の称呼《しょうこ》は見えないが、「字は聃」とあるのは、それを含みとするものである。また名とされる「耳」は、明らかに聃にちなむものである。その意味で『史記』老子伝は老聃を老子とする立場から記された伝記である。一方、その伝記の柱が孔老の会見を語るにあることは、一見して明らかである。なお孔老の会見は、孔子が礼を問うことがきっかけであることから、「孔子問礼」とも称する。

ちなみに戦国最末期の書である『呂氏春秋《りょししゅんじゅう》』には、老耼の名が五ヵ所みえるが、その一つは、老耼を孔子の師とする（仲春紀当染篇）。また別の一つに、当時著名の思想家十人を論評して「老耽（耼）は柔《じゅう》を貴《たっと》び、孔子は仁《じん》を貴び、墨翟《ぼくてき》は廉（兼《けん》）を貴び、……」（審分覧不二篇）とあるが、ここに記す序列は、老耼と孔子との師弟関係を容認してのことと思われる。以上から推《お》すと、老子を老耼と称し、またその老子を孔子の師とする虚構は、戦国末には定着していたようである。

また『荘子《そうじ》』は、『史記』と同じ趣旨の孔老会見譚八ヵ条（天地・天道・天運四・田子方・知北遊）を記すが、老耼という表記はそのいずれにも見える。それらの作られたのは『史記』と先後する時期と思われるが、要するに老耼としての老子が、訪れた孔子に対して、その思想、学問、処世の態度等々について苦言を呈する、という趣旨の孔老会見を説くことは、司馬遷の当時の流行となっていたらしい。そしてそれは、老耼としての老子にとって、ほとんど唯一《ゆいいつ》の事績なのである。

以上から知られるように、戦国末期に始まる老子伝の虚構は、老子に老耼の称呼を与えること、孔子を老子の弟子に仕立てること——具体的には孔老の会見を語ること、この二点が中心となっており、『史記』はその伝統に従って記されているのである。

ところで奇妙なことに、儒家の経典である『礼記《らいき》』曾子問《そうしもん》篇には、老聃なる人物を孔子の師として説く記事が見える。ちなみに「曾子問」篇は、曾子をはじめとする弟子たちの質問に答えて、孔子が葬礼《そうれい》の種々相を説くという形式の小論の集成である。その中に「吾《わ》れ諸《これ》を老聃に聞く（吾聞諸老聃）」と断って、弟子の質問に答える文が四ヵ条も見えるのである。

ここに老聃とは、葬儀を差配《さはい》する一市井《しせい》人かと思われるが、ともかくも孔子の師としての伝承を持つ、ほとんど唯一の人物である。この点に着目した老子の徒《と》は、この老聃こそは老子だと宣伝する一方、そこに道家《どうか》風の脚色を施《ほどこ》した。老子の称呼として老聃の名が与えられ、その事績としてもっぱら孔老の会見が唱《とな》えられたのは、こうした経緯によるものであろう、と筆者は考えている。また『史記』老子伝の記す孔老会見譚が、礼とはまったく関係がないのに孔子の「問礼」をきっかけとしている理由も、これを「曾子問」篇に見える所伝の名残と考えれば氷解しよう。

第三段にいう『老子』著作の経緯は、漢代に入ってからの虚構であるらしく、あるいは司馬遷の創作部分も含まれているかもしれない。ちなみに道家思想家のひとりに関尹《かんいん》なる人物がいたということは、早く『呂氏春秋』や『荘子』の諸篇によって明白であるが、その関尹は漢代になると老子に最も近い人物と考えられるようになったらしい。関令尹喜が、この関尹に因《ちな》んで案出されたことは否定し難《がた》いところであろう。いったい関尹という人名は、同時に関所の長官（尹）という意味をもっており、関令尹喜とは、人名としての関尹に、関所の長官としての意味が奇妙に重なりあって生じたものであり、『道徳経《どうとくきょう》』の著作と伝授の舞台を関所とする構想もまた、それから発せられたのであろう。

ともあれ「自隠無名」を旨《むね》として生涯を過ごしたという老子にとって、世に著作を残すことなど、もちろん不本意極《きわ》まりない仕事である。しかし、隠退を決意してさしかかった某関所には、老子を知りぬいた関令の尹喜がいた。その尹喜の強《た》っての懇請によって五千字の書を書き残して与えはするが、そのまま杳《よう》として消息を絶ってしまう。

このあたり虚構の構想はなかなかに見事であり、司馬遷の筆致も一段とさえている。とくに「其《そ》の終わる所を知る莫《な》し（莫知其所終）」とある結語は、まさに老子伝の終結を示すかのようである。ところが「老子伝」は、これで終わらない。

実は以上に続いて、戦国時代の予言者として漢代に有名であった太史儋《たいしたん》なる人物を老子に擬《ぎ》する一説を記しているのである。太史儋とは、秦《しん》の献《けん》公にまみえて、周の滅亡と始皇帝《しこうてい》の出現を予言した、という人物である。「老聃即老子」説によって老子伝を完結しているかに見える『史記』が、ことさらに「太史儋即《そく》老子」説を付記したについては、これもまた当時有力な一説であったことを思わせる。また司馬遷には、それに言及せざるを得ない事情もあったようである。こうした経緯を探ることはそれなりに興味深いところもあるが、煩《はん》を厭《いと》って今は省略する。ただ老子伝虚構の状況が、司馬遷の当時ですら、なおこのように流動的であったことが、ここに留意されるわけである。

さて、『史記』の老子伝は虚像であると称しながら、かなりの長広舌を弄《ろう》してきた。というのは、今日からすれば虚像であっても、それは二十世紀に入るまでの中国・日本では、そのまま事実とされてきた史伝であり、司馬遷以来、二千年以上にわたって伝えられてきた伝承として、それなりに貴重としなければならないからである。

たとえば孔老会見譚についていうと、早く後漢の一四〇年ころに作られた武氏祀《し》堂《どう》(山東省の済寧《せいねい》付近、武氏一族の墓)内を飾る画像石群には、周知のように「孔子見老子」像がある。以後清末に至るまで、孔子にとっていささか屈辱的とも思われるこの物語に対して、歴代の儒者でさえ異義を唱えることはなかったのである。

また老子の入関から出関に至る経緯は、すこぶる画家の想像をかきたてたらしく、

「出関図」と称する絵画がいくつも残されている。それによると老子は、二、三の従者を従え、青牛の引く車で関を訪れ、待ち受けた関令尹喜が恭《うやうや》しく出迎えるさまが描かれている。『史記』の伝記には、さらに尾鰭《おひれ》が加えられていったのである。とくに注目されるのは、後世に起こった道教で唱えられた「老子化胡説《けこせつ》」であろう。それは関所を出て消息を絶ったとされる老子について、実はインドに行って釈迦《しゃか》となった、あるいは釈迦を教えたという、伝説である。なお「胡」とは、中国西方の国・住民をさすが、ここでは釈迦のこと。「老子化胡説」とは、道・仏二教が、激しく対立抗争していたころ、仏教に対する道教の優位を説くために主張された説である。

老子はある時は孔子と並び、ある時は釈迦に対抗する存在であった。こうした状況にあって老子の伝記は、後世に至るまでさまざまに虚構しつづけられていくが、しかしその基本となったのは常に『史記』の伝記であった。虚構の伝記ではあるが、思想史・文化史の上からはやはり貴重な資料なのである。

ところで近年の研究は、『老子』を一人一時の作ではないと見る。序章三に述べるように、まず戦国の初期に原本が作られ、その後数次にわたる補訂や改変が加えられて、現行本として最終的に形成されるのは戦国末期のころと考えられる。この間約百五十年、とすれば『老子』の作者は、実は不特定多数ということになろう。しかし、老子の名をまったく無視することもいかがなものかとも思われる。本書では、不特定多数の著者の代表という含みで老子の名を用いることを断っておく。

序章二　老子の思想のあらまし

1　戦国の世相を睨《にら》む老子

世の思想・教訓の類《たぐい》は、人は何を為《な》すべきか、如何《いか》にあるべきか、を説くのが通例である。ところが『老子』は無為《むい》に生きよ、自然のままがよいという。もっとも無為といっても、何もしないということではない。無作為、つまりことさらな行為をしない、ということである。

老子の考えることさらな行為とは、極端にいえば人が生活を維持するに必要な最小限を越えるすべての営みをさす。戦国争乱の世に生きた老子にとって、世の君主たちの行使する権力・武力、乱世を救うためと称して儒家を始めとする百家《ひゃっか》の提唱する道徳・政策、人の蓄積してきた知識・知恵、その所産としての文化・文明、これらのすべては人の生み出したことさらな作為であり、いわば贅肉《ぜいにく》である。老子のいう無為とはこうした贅肉を削り落とせということであり、それが人のあるがままの自然の姿だ、ということである。老子が世の常識に反してこのような主張を唱えたのは、彼の生きた当時の状況によほど目に余るものがあって、人が何事かを為そうとすればするほど、世相はいよいよ険悪の度を加えていくと考えたからである。

老子の生きた戦国時代（前四〇三―前二二一）、中国は本格的な鉄器使用の時代に入り、人知文明の発達は目を見張らせるものがあった。農具の一新されたことはいうまでもないとして、さまざまに便利な器具が作られ、生産は飛躍的な増大を遂《と》げていた。新兵器の出現が、富国強兵に狂奔《きょうほん》する列国の抗争を一段とはげしいものにしていた。一方、新しい事態に対処するために、世の君主は賢能《けんのう》の士《し》を求めることしきりであったが、それにこたえるかのように、知者・賢者と称される人物が輩出した。世に「諸子百家」と呼ぶ知識人たちであって、その最有力学派は、孔子を祖《そ》とする儒家である。

こうした戦国の世に処して、老子は次のように考える。人知の発達に伴う生産の増強は、確かに富の増大につながるものであったかもしれない。文明の利器は、人の生活をより便利に、より快適にするものであったかもしれない。しかし、その富や文明は、ほんとうに人を幸福に導くものであったろうか。むしろ、いたずらに人の生活を華美にし、人をあくなき欲望の泥沼に引きずりこんだだけのことではないのか。また、人の知恵は、欲望と絡《から》んで詐偽《さぎ》を助長し、世道人心《せどうじんしん》を荒廃に導いているだけではないか、と。

一方、老子は、儒家の思想が好戦的な世の君主に歯止めをかけようとするものであることを認めてはいたが、しかし、その実効性には首をかしげる。むしろその空理空論《くうりくうろん》と、もったいぶった小ざかしさは世の混乱に拍車をかけるものであり、とくに儒家の説く「礼」にいたっては、その形式性と偽善性によって、多大の害毒を社会に流すものと見ていた。儒家に限らず、独善的な百家の論争が果てしもなく続いて、いたずらに世人を迷わしている状況に、老子は深く憂慮《ゆうりょ》していたのである。

要するに老子にとって、君主の行使する権力・武力、世間に氾濫《はんらん》する知識・知恵・学問・文化・文明の類は、世を混乱に陥れる元凶であった。そして、これを正すためには、知を捨て欲を去り、太古の素朴さに立ちかえるべきだ、と主張する。

八十章「小国寡民」の文は、太古の原始に還《かえ》れという願望のあったことを思わせるものである。しかし老子は、これを声高らかに唱えるほどのロマンティストではない。現実に戻った老子が、戦国の世を救うべきせめてもの処方箋として掲げたのは、政治論としての「無為の治」と、処世論としての「柔弱謙下《じゅうじゃくけんか》」であった。

2　柔弱謙下の処世訓

老子の処世訓は、一般に「柔弱謙下」という言葉で要約される。柔弱とは剛強に対する言葉であって、剛強が、理想に燃え、強くたくましく、積極果敢《かかん》に生きる生き方であるのとは反対に、「万事つつましく控えめに、己《おのれ》の分《ぶん》を知って背伸びせず、無知（何も知らない）無欲（何も望まない）を信条とし、絶対に人と争うことをしない」というような生き方である。謙下とは傲慢不遜《ごうまんふそん》に対する言葉であって、態度として謙虚・へりくだりを旨とするさまをいうが、これも柔弱の一部であるといえよう。こうした生き方はいかにも消極的に過ぎ、一見敗北主義とさえ思われるかもしれない。しかし、老子にとって柔弱謙下とは、一般の人であればどのような状況にあっても一身の安全を保持する途《みち》であり、世の君主であれば天下に王ともなる途である。そして、そこには柔弱が剛強に勝つという、したたかともいえる処世論が展開している。

わが国の諺《ことわざ》に、「出る杭《くい》は打たれる」という句がある。才能に任せて人の上に出ようとする者は、周囲の人にそねまれて袋叩《ふくろだた》きに遭う、ということである。また、「雉《きじ》も鳴かずば打たれまい」という句がある。一言《ひとこと》多かったばかりに身を滅ぼすたとえであるが、もう少し広めて、自己を顕示する者は狙い撃ちされる、と解してもよいであろう。この二句は裏を返していえば、打たれないためには上に出ようとしないほうがよい、打たれないためには鳴かぬほうがよい、ということになる。人の上に出ようとしないこと、自己を顕示しないこと、いずれも老子のいう柔弱謙下の保身術である。

たとえば四十四章に「足るを知れば辱《はずかし》められず、止《とど》まるを知れば殆《あや》うからず、以《もっ》て長久なるべし」とある。欲望をほどほどに抑えよ、止まるべき分《ぶん》をわきまえよという教訓であって、言うまでもなく柔弱のすすめであるが、それに続いて、「そのようであれば、恥辱を受けたり身を危うくすることもない、そこで安穏無事の状態を長く保持することができるのだ」とあるのは、柔弱を守ることの効能である。また八章は、万物に恩恵を施しながら、低いほうに流れ、自《みずか》らの居所としては低湿の地に甘んじている水を、柔弱謙下の象徴として賛美する文であるが、その末句に「夫《そ》れ唯《た》だ争わず、故《ゆえ》に尤《とが》（禍）無し」とあるのは、水を模範としてひたすら不争を旨としていれば、「禍《わざわい》に罹《かか》るおそれもない」ということである。

以上にいう柔弱の効能は、現実的成功と称するには、ささやかに過ぎるようである。しかし戦乱の世、傲慢《ごうまん》な君主に仕える士大夫《したいふ》にとって、一般の庶民にとって、ともかくも一身の安全を保持して無事に一生を終えることは、決して容易なことではない。「以て長久なるべし」「故に尤無し」といった程度のことであっても、彼らにとっては十分な成功なのであろう。

戦乱の世を如何《いか》に生き延びるか、その方途《ほうと》でもある柔弱は、福を求めるよりも禍に罹らないこと、成功することより失敗のないこと、をモットーとする。そして、このような生き方にあっては、決して失敗をしでかさないための用心深さが要請されてくる。六十三・六十四の二章は、小事をも大事と心得て対処せよ、禍の芽は未然のうちに摘み取れ、といった慎重な処世のあり方を論ずるものであって、無為自然とは矛盾するような気もするが、これも柔弱の一環なのである。なお、わが国の諺としても知られる「千里の行《こう》も足下《そっか》に始まる」は、六十四章を典拠《てんきょ》とする句である。

柔弱謙下は、世の君主に対する教訓でもある。というよりも、主たる対象は、むしろ強者である君主に対する戒《いまし》めであった、と解すべきであろう。たとえば二十八章に「其《そ》の雄《ゆう》を知りて、其の雌《し》を守れば」「其の白《はく》を知りて、其の黒《こく》を守れば」「其の栄《えい》を知りて、其の辱《じょく》を守れば」に始まる三文があり、いずれも権力の座にある強者があえて柔弱を守れば、という趣旨であって、一方これに対応する結句は、すべて帝王の座を約束するものとなっている。つまり本章の意図は、諸侯王に対して、それが王座への途であることを掲げて、柔弱の政治をすすめることにある、といえよう。

また六十六章では、君主と民衆との関係を、大河と小川にたとえて次のようにいう。「大河が小川の水を集めて帝王然と構えていられるのは、低地に位置するからだ。君主もへりくだってこそ、民衆の支持を得、推されて天下に王ともなる」と。

以上二例の場合、天下に王となるという成功を、老子自身が心底確信していたかは疑問であって、その意図は、傲慢を持して圧政を事とする世の君主に対し、ともかくも柔弱の治政をすすめるにあったような気もする。ただ「柔弱は剛強に勝つ」と明言する句が三十六・七十六・七十八の各章に見え、また四十三章に「至柔《しじゅう》（水）が至堅《しけん》（岩石）を押し流す」とあるというように、その趣旨をいう文は随所に見えている。柔弱謙下による窮極的成功ということが、『老子』の特色となっていることは確かである。

ともあれ戦国当時の他学派では、老子の主張の眼目《がんもく》は柔弱にあると見ていた。他学派でもっとも早く老子に論評を加えたのは儒家の荀子《じゅんし》であるが、その書には「老子は屈従的立場は知っているが、伸張することの大切さを知らない」とあり、また戦国最末期の著作である『呂氏春秋』は、十人の著名思想家を短評する文中に「老子は柔を貴《たっと》ぶ」と述べているのである。

3　政治論――無為の治

老子は世の為政者《いせいしゃ》に対して権力政治の危険を強く警告している。たとえば七十二章には、民《たみ》が君主の圧政と重罰に慣れっこになると、お上《かみ》の権勢を物ともしない状態となり、やがては大乱を招くことになろう、との言があり、また七十四章では、民が圧政に苦しんで死ぬことを何とも思わなくなれば、死罪による威《おど》しもきかなくなる、という。

以上は法家《ほうか》者流の権力政治のもたらす弊害をやや誇張気味に述べて、これを戒める言葉である。老子は民を過度に拘束《こうそく》する法家政治に比べると、儒家の仁政はまだましだと考えてはいたようである。しかし、君主が民に情《なさ》けをかけることも、余計なお節《せっ》介《かい》であるとした。そもそも「愛」の反対には「憎」がある。君主たる者、万民のすべてを包容するためには、愛憎の情を捨てて無心に徹することが必要だ、と考えていたのである。

無為の治とは、まず権力によって拘束せず、恩恵を施すこともない政治を志向するものである。一言でいえば、放任無干渉の統治ということになろう。

最も有名な提言は、「大国を治むるは、小鮮《しょうせん》を烹《に》るが若《ごと》し」（六十章）である。魚を煮る場合、ひとたび煮始めたら煮おわるまで、いじくらずにそっとしておくことだとは、現今《げんこん》でもよくいう上手な煮方のこつであるが、古く老子の当時からいわれていたらしい。要するに大国を治める要領は、上からの干渉を極力抑えて、民をあるがままに放置せよということであるが、それを魚の煮方という卑近《ひきん》なたとえによって示したところに、この言葉の妙味がある。また「聖人（聖王）は不仁」（五章）とあるが、これは無干渉を旨とする聖王が、民をそのままに放置しているさまを、仁政への批判をこめて、いささかショッキングに表現したものである。

無為の治について、以上は無干渉という基本的方向を述べるにとどまるが、幾分か具体的な政策を述べる例もある。「法令滋《ます》ます顕《あらわ》れて、盗賊多く有り」（五十七章）は、法令はどんなに整備しても、必ずや法網をくぐる者があらわれて、さらに犯罪者がふえるものだ、という趣旨から、むしろ法律・政令の簡素化を説くものである。

無為の治は、また「知」「知者」の排除として示される。そもそも老子は、世間にいう知・知恵に対して不信の念を抱いていた。それは、詐欺《さぎ》・だまし合いの風潮をもたらすもの、いたずらに欲望を助長するもの、と考えたからである。老子は「民を無知の状態におくことは国家の福《さいわい》、知を持たせることは国家の禍《わざわい》だ」（六十五章）

とまで断言する。一見いわゆる愚民政治を想起させる内容であるが、それとはまったく異なる。老子にとって、それは何よりも、民の純朴さを取り戻す方途だったのである。無為の治では、民の純朴が必須の要件だったのである。

なお、放任無干渉を旨とする政治論、前項で述べた柔弱謙下の処世論、の根底には「道」の思想がある。さらに次項を参照されたい。

4　「道」の思想

老子は、独特な意味をもつ「道」を説いた思想家として知られており、老子を祖とする学派を道家《どうか》と称するゆえんもこの点にある。本書では、その道をとくに「道」と表記していることを、ここに改めて断っておく。

道とは、本来は人の往来する道路の意であるが、転じて人の踏み行うべき道の意ともなる。『論語』に「朝《あした》に道を聞けば夕《ゆうべ》に死すとも可なり」（里仁篇）とあるが、ここに道とは、あらゆる徳目《とくもく》を包括して人の理想的なあり方を端的に示す言葉であって、だからこそ孔子は生涯をかけて道を追求しつづけていたのである。『論語』は、また理想とする人格を冠して「先王の道」「文武の道」とも称するが、それを継承した

『孟子《もうし》』になると、さらに「堯舜《ぎょうしゅん》の道」「聖人の道」の句が加わり、それは敵対する学派（孟子は異端と称する）を排斥《はいせき》して、自説を宣揚《せんよう》する場合の常套《じょうとう》的な句ともなっていた。

『老子』の冒頭に「道可道、非常道（道の道とすべきは、常の道に非ず）」とあるが、ここに「道可道」とは、それこそが理想的な道であるとして世間に唱えられている道のすべてを指し、それは常道（恒久不変の道、時と所を越えて万人に通用する道）ではないと喝破《かっぱ》する言葉である。儒家をはじめとする世人の唱える道は、所詮《しょせん》は一党一派にだけしか通用しない道である。老子の求めた「道」は、対立的な道のすべてを内包し、しかも時と所を超えて通用する唯一的絶対的な道を誇号するものであって、それがここにいう常道なのである。

あらゆる人の営みに失望し、人の自信過剰と傲慢を慨嘆《がいたん》する老子は、そこで人の行動の規範を、むしろ天地自然の世界に求めていく。人の行使する権力も武力も、人の作りだした学問も文明も、大自然の営みに比べれば、まことに取るに足りない小事業である。傲慢な人間は、大自然の前に己《おのれ》の小なることを自覚すべきであろう。大自然から見れば万物の一つにすぎない人間は（老子が万物という場合、実は万人・万民を指すことが多い）、小賢《こざか》しい思慮分別を捨てて、むしろ謙虚に自然界の法則に従うべきではないか。このように考えて、老子は天地造化の営みに注目する。

天地間には一定の秩序がある。日月昼夜の交替、四季寒暖の推移、そこにはすべて恒常的な法則があり、寸分の狂いもない。その間に万物は次々と生みだされ、成長を遂げ、やがて死滅する。しかしその後には、また新しい生命が生みだされていき、造化の営みは、しばしもやむことなく続けられている。

ところで、こうした天地造化の営みは、いったい何者の所為《しょい》なのであろうか。これを宗教的にいえば、偉大なる造物主（造化神）のみわざということになろう。しかし老子は、宇宙間に意志をもつ超越者の存在を認めない。それを意志もなく作為もない、自然のままの営みであると考えた（その意味で老子の宇宙観は、現今の科学的宇宙観に近いといえる）。

人の行為には、誤謬《ごびゅう》もあり失敗もある、かりに成功を収めたとしても、それは一時的成功にすぎない。しかし、自然のままである造化の営みは着実そのものであり、しかも恒久不変である。こうした造化のあり方をこそ、人は理想とし模範とすべきではないのか。このように考えて老子は、天地造化の営みをあえて「道」と称したのである。いったい目に見える世界にあって自然界に一定の秩序をもたらし、万物を生み養っているのは有形の天地である。老子の「道」とは、その天地の奥にひそむ無形の力、つまり造化のエネルギーとでもいえばわかりやすいであろう。

造化のエネルギーは、まだ天地もなかった時にすでにあり、この天地も実はそのエネルギーによって生みだされたのである。その意味で「道」は、天地をも包む唯一的存在であり、天地万物の根源ともなる存在である。その「道」は無形であるが、また無名とも称される。

いったい「名《な》」とは、そのものを他と区別するために、あるいは価値付ける（善悪美醜など）ために必要となる。しかし初めて名を与えられた天地に先立ってすでにあり、唯一的な存在である「道」には対立する他者は存在せず、したがって他と区別する必要がない。また、その無限のはたらきは世の価値観を超越している。したがって「道」とは、本来名付ける必要もなく、名付けようもない存在であって、説明の便宜上かりに名付けた称呼にすぎない。「道」を無名と称するのは以上の観点からである。

老子の「道」とは、有形・有名・有為である現象世界の根底に、無形・無名・無(作)為の営みのあることを説く一種の形而上《けいじじょう》的思考である。また、それは中国の思想史上、初めて自然の世界に注目するものである。しかし老子は決して自然哲学を説くものではない。次に述べるように「道」は、あくまでも戦国の思想界を睨《にら》んで、人のかくあるべき道を説くものである。

「道」の営みは、自然のままの営みであって、つまり無作為である。しかし、それでいて生成化育《かいく》の大事業を成し遂げている。このことを老子は「無為而無不為（無為にして、而《しか》も為さざるは無し）」と称した。「無為でありながら何事をも成就する」ということである。無為と無作為とでは異なるが、これは老子に独特の、いささか強引な修辞法である。ただ無作為の行為は、周囲からは何もしていないように見えるものだ、という計算もはたらいていたようである。

「無為而無不為」とは「道」のはたらきを最も簡潔に示す句とされるが、さて、この句はまた人の世界の教訓ともされる。人もまた「道」を模範として無為を持せよ、そうすれば何事もうまくいくのだ、という処世訓に転化するのである。たとえば三十七章に「道は常に無為にして、而《しか》も為さざるは無し。侯王若《も》し能《よ》く之《これ》を守れば、万物（万民）将《まさ》に自《おのずか》ら化せんとす」とあるのはその一例であって、つまり世の君主が「道」を手本として無為を守れば、「為さざるは無き」成果、つまり天下の万民のおのずからなる帰服を得るというのである。

このように「道」とは、窮極的には儒家のいう道と同じく、人のよるべき規範なのである。政治論としての無為の治が「道」を根拠としていることは上例によって明らかであるとして、処世論としての柔弱もまた同様である。いま四十章に「弱は道の用なり」とあって、柔弱は「道」の作用とされる。つまり柔弱を持することは「道」のあり方に適《かな》う行為であり、言い換えれば人の世界における無為の実践ということになる。そして「道」の命題である「無為而無不為」中の「無さざるは無し」とは、柔弱が剛強に勝つ、ということにほかならない。その意味で「道」は、処世・政治に関する教訓の正しさを証明する形而上的根拠となるものであった。

儒家でも孔子・孟子は、道徳の根源を天に帰している。しかしその天は、仰ぎ見る蒼天《そうてん》とも称すべき、きわめて漠然とした天であり、また天と道徳との関係について格別の論議はなされていない。ところが老子は、「道は無為にして、而も為さざるは無し」の句を介して、処世論・政治論の正しさを「道」に根拠付けることに成功した。さらに有名有形の現象世界の根源に無名無形の「道」のあることを想定することによって、天地万物を一体とする世界観を構築した。儒家の思想が倫理・政治の学にとどまるのに対して、老子の思想が哲学とも称されるゆえんである。

付　「徳」と聖人

次項で述べるように、『老子』の上篇は「道経」と、下篇は「徳経」と称され、合して「道徳経」ともいう。さて、それならば「道」に対する「徳」とはどういう意味なのであろうか。「徳」についてはとくに概念を規定する文もないので、それを明示することには困難を覚えるが、いま用例を総合すると次のようである。

「徳」とは、目に見えない形而上のはたらきである「道」が、形而下の現象世界に形跡としてあらわれたさまである。たとえば一般に「徳は得なり」というが、老子のいう「徳」とは、無為自然の「道」のあり方が人に具《そな》わった状態であって、つまり「道」を身に得た人のありさまである。老子も儒家と同じく理想的な人格を聖人《せいじん》と称するが、老子のいう聖人とは、つまり「道」を身に得た人でもあり、また完全無欠の「徳」を具えた人でもある。その意味で、聖人の一挙一動はすべて「徳」の然《しか》らしめる所であるが、当然のこととして、それは「道」に適う一挙一動なのである。

ところで儒家では、堯舜など古代の理想的帝王を聖人とも称しているが、老子のいう聖人もまた、実は古代の理想的帝王を想起させる存在である。儒道いずれにせよ、それは「聖人こそが天下に王たるに相応《ふさわ》しい」との観点に立っての論であって、今そしの場合の王を「聖王」と称することとしよう。さきに三十七章に侯王が「道」を守れば万民の帰服を得るとされていることを指摘したが、ここに「道」を守るとは「得道」にほかならず、また万民の帰服を得るという侯王は、すでに聖王であるといってよい。さらに二十五章にいう四大は、道・天・地とともに王を数えており、王（聖王）は「道」に匹敵《ひってき》する存在ともされているのである（一一五頁参照）。「道」は日々夜々に造化の大功を成し遂げているが、それは万物に恩恵を施す意志があってのことではなく、自然のままの営みを無心に続けているだけのことである。したがって万物の側にも「道」に対する感謝の念はない。また「道」は造化の功を誇るでもなく、生みだした万物を支配したり、主宰者然《ぜん》と振舞うこともない。

老子の理想とする帝王は、以上のような「道」を身に体《たい》した聖人である。前項で述べた放任無干渉を旨とする「無為の治」とは、まさに「道」のあり方を旨とする統治説なのである。

5　『老子』のおもしろさ

これまで述べてきたように、『老子』には、形而上的な「道」の論説と、形而下の政治処世の論説と、この両者が同居している。この場合、思想形成の順序として、まず、「道」の理論があって、それからして形而下の政治処世の論が派生してきたのか、あるいはまず、政治処世の論があって、それを形而上的に根拠づけるために、「道」が説かれることになったのか、そのいずれを取るかによって、『老子』のイメージがかなりちがったものとなることは確かである。筆者の立場は、いずれかといえば後者に傾くものであるが、この点について、いまは論じないこととする。ともあれ、この両者が一冊の『老子』のなかで共存していることは厳然たる事実であって、つまり、「道」からすれば、政治処世の論はその現実的応用であり、政治処世の論からすれば、「道」はその形而上的原理ということになる。原理としての「道」と、応用としての政治処世の論と、この両者が互いに相表裏《あい》しあって、そこに独特な老子の思想が形成されているのである。老子のおもしろさは、何よりも、まずこの点にあるといえよう。

前項で述べたように、老子における「道」の要諦《ようてい》は、「無為にして、而《しか》も為《な》さざるは無し」ということであるが、この命題は、同時に人における行動の規範ともなるものであった。つまり、人も「道」を手本として無為を持することにより、何事をも成《じょう》就《じゅ》できる、というのである。

老子のいう「無為」とは、本来が「無作為」の意味であることから知られるように、決して何もしないということではない。それは、人の営みにおけるあらゆる虚飾・贅肉《ぜいにく》を徹底的に削り取れ、ということである。たとえば、知的な営みである知恵・知識・学問の類《たぐい》、日常生活を優美にし便利にする文化・文明の類、世の君主の行使する権力・武力の類、老子は、これらのことごとくを贅肉であるとする。そして老子は、こうした贅肉こそが世を混乱に導いている原因であるとする。一方、世の人がその贅肉であることに気がつかず、むしろ、ひたすらにそれをふやしつづけているのは、畏《おそ》れを知らぬ人間の自信過剰によるものだ、とも考えるのである。

老子はまず、人間の傲慢《ごうまん》を戒める「警世《けいせい》の哲人」であった。具体的にいえば、行き過ぎた人知・文明のもたらす弊害を指摘して、無知・無欲に生きることをすすめた人である。一方、富国強兵に狂奔《きょうほん》する当世の為政者たちに対しては、不争を説き、反戦・平和を切々と訴えつづけた人である。そして、こうした立場から、人々がまだ無知・無欲であり、権力による強制もなかった原始素朴の世を理想とし、これにかえるべきことを主張したのである。

しかし、老子とて、いまさら原始素朴の世にかえり得ないことは百も承知である。そこで、現実の問題としては、贅肉を捨てて天下国家を治める方法、贅肉を捨てて世に処する方法が説かれることとなる。前者が世にいう「無為の治」であり、後者が「柔弱謙下の処世」である。ここにいう贅肉とは、要するに世間一般の人の営み（有為）であり、剛強の世界のすべてを指す。その意味で「柔弱謙下」とは、「無為」の具体的・実践的なあり方なのであり、さらに、「柔弱謙下」の内容となる無知・無

欲・無私・不争の類は、「無為」の属性であるといえる。老子の思想を一貫しているのは、

人――有為――剛強尊大――不為

道――無為――柔弱謙下――無不為

という図式である。争わないことによって窮極の勝利がもたらされる、謙虚を持することによっておのずから人に慕われる、という柔弱謙下の効用は、「無為にして、而《しか》も為《な》さざるは無し」という「道」のあり方によって、まさに理論的根拠を得ることになるのである。

「無為にして、而も為さざるは無し」という命題は、言い換えれば「無為」によって、「完全無欠の成果」すなわち「大為」を得るということである。人の営みである「有為」は、つねに失敗の危険をともなう。かりに成功したとしても、その成功は一時的のものにすぎない。これに対して「道」に基づく「無為」の営みは、絶対に危険がない。しかもそれによる成功は、「道」の永遠であるのと同じように、永遠に敗れることがない。柔弱謙下のもたらす成功は、世俗の成功を超える成功であり、それが「大為」なのである。柔弱（無為）が剛強（有為）に勝つとする理論的根拠も、根本

的にはこの点にあったのである。

『老子』のおもしろさは、次には逆説的論法が縦横に駆使《くし》されていることである。逆説とは、論理学の用語パラドックス（paradox）の訳語である。厳密な意味で老子の論法が、論理学上にいうパラドックスに当たるかどうか、この点の判断は微妙であるが、ここでは、世の常識に背《そむ》くように見えながら、そのなかにいくばくの真理を含む言というくらいの意に考え、それを逆説的論法と称しておこう。

「柔弱が剛強に勝つ」とすることは、世の常識からすれば正反対である。柔と剛とについてはともかくとして、弱と強とについていうと、この二字のもつ本来の意義を完全に逆転させるものである。しかし、それでいてなるほどと首肯《しゅこう》させる説明が与えられれば、そこに逆説的論法が成立したことになる。

「無為にして、而も為さざるは無し」というのも逆説的表現である。さきに述べたように、ここにいう「無為」とは、実質的には「無作為」の意であって、もしそうとすれば、「わざとらしい行為をしないことによって万事うまくいく」という意となり、通常の論理として十分に通用する。しかし、それをあえて「無為」と称したことには、老子に独特の計算がはたらいているのである。

老子にしてみれば、世間一般の人の「為」はすべて作為的な営みであり、したがって、「無作為」を「無為」と記しても同じことだという腹がある。しかも、世の人が事をなしすぎてかえって失敗し、また、世を混乱に導いている、という状況に対する警句としては、これを「無為」と表現したほうがはるかに効果的である。「無為にして、而も為さざるは無し」という命題は、このような計算のもとに成立しているのである。

しかし、「無為」の「為」と、「無不為」の「為」とが同じ内容を示すとすれば、これは明らかに矛盾する論法であって、常識的には通用しない。しかし老子の胸中では、「無為」の「為」は世俗的な「為」であり、「無不為」の「為」は、「道」の世界における「為」なのである。上述したように、「無不為」とは「大為」の意にほかならない。「無為にして、而も為さざるは無し」という命題は、別な言い方をすれば、「大為は無為なり」(まことの「為」は無為によって成就する)、「無為の為」(無為によって得られるまことの「為」)ということになる。したがって、老子自身の思考からすれば、決して逆説ではないのかもしれない。しかし、世間一般からすれば、この表現はまさに逆説である。老子はこのことを十分に承知のうえで、あえてこうした表現をとる。

そもそも「道」の営みは、目にも止まらず、耳にも聞こえない、吾人の知覚・感覚を超えた営みであって、こうした営みは、もともと世間一般の言葉では説明しようがないものであった。そこで老子は、「道」のありさまを述べて、「無状の状」「無象の象」というような言い方をするが、『老子』における逆説的表現は、それを説明するための苦心の現れでもあったのである。

ともあれ老子は、こうした逆説的論法を駆使することによって、「人は何事かを為さねばならぬ、あるいは為すべきである」とする世の常識を打破しようとする。あるいは世間一般の言語では記述しようのない「道」の世界を語ろうとする。『老子』のおもしろさは、この点にもあるといえる。

さらに、『老子』のおもしろさは、こうした逆説が、きわめて簡潔に、しかも、きわめて断言的な口調で記されていることである。一例を示そう。

天地は不仁、万物を以《もっ》て芻狗《すうく》と為《な》す。
聖人は不仁、百姓《ひゃくせい》を以て芻狗と為す。（五章）

ここに芻狗とは、祭事のためにわらで作った狗《いぬ》のことで、祭りの最中は神聖なものとして尊ばれるが、終われば、ただのわらくずとして捨てられてしまう。「天地・聖人は情け知らずであって、万物や人民を芻狗のように取り扱う」ということである。

老子によれば、天地（「道」と置き換えてもよい）の営みは、おのずからなる営みであって、実質的にはそれによって万物を生み、養い育てているのであるが、しかし、天地自身に恩恵を施すという意志はまったくない。また、無為の「道」を身に体した聖人（聖王）は、実質的に民生を安定に導いているのであるが、しかし、聖王自身に恩恵を施すという意志はまったくない。上文は、そのことを言っているだけなのである。

しかし、それにしても天地・聖人を「不仁」と規定することは、どぎついばかりに世の意表をつく表現である。しかも、そこに老子自身の解説はまったくない。しかし、なまじの解説など加えないところに、むしろ有無を言わさない迫力がある。『老子』のおもしろさは、こうした断言的表現にもある。

『老子』五千言《ごせんげん》の特色として、文中にいっさい固有名詞の使用されていない事実があげられる。「俗人《ぞくじん》は昭々《しょうしょう》たり、我は独り昏々《こんこん》たり」（二十章）というように、一人称としての「我」という字は随所に見えるが、「老子曰《いわ》く」という類《たぐい》の句はない。また、老子は、得道《とくどう》の人を儒家と同じく「聖人」と称するが、その「聖人」がだれを指すということもない。こうした事実は、老子の言葉が、時と所を超えて通用する真理であることを思わせるのに効果がある。この点も、他書にはない、『老子』に独特のおもしろさであるといえよう。

序章三　書物としての『老子』

1　現行本について

以上のような思想を述べる書物としての『老子』は、字数でいうと五千数百字、それが上・下二篇に分かれ、さらに、上篇は三十七章、下篇は四十四章、合計八十一章で構成されている。もっとも八十一章に分けるのは後世に始まることであって、『老子』の本来の形ではない。章の区切り方はおおむね妥当であるが、時には当然、連続すべき文が二章に分けられていたり、逆に異質と思われる文が同じ一章とされている場合もある。したがって、今日かならずしも八十一の章分けに拘泥《こうでい》する必要はないのであるが、長年にわたる伝統もあり、何よりも所出の場所を明示するのに便宜であるので、一応は八十一章に区分して読むことが、現在なお慣行となっている。

一方、『老子』の上篇は「道」を説き、下篇は「徳」を説くとすることから、上篇を「道経」、下篇を「徳経」と称し、両者をあわせて「道徳経」と呼ぶことも通例である。ここに「徳」とは、得に通ずる字であって、『老子』においては、「道」を体得した状態、つまり、無為自然のあり方が身に備わった状態のことである。つまり、根本的な原理が「道」であり、それが人の身に備わった状態が「徳」である、ということになろう。老子の所説は、あとで述べるように古くは「道徳」の教えといわれているが、それは以上の意味での「道」と「徳」とを合して、このようにいうのである。

しかし、こうした名称によって示されるような区別が、上・下二篇の内容にあるかというと、その点はあまり明白ではない。いま、上・下篇を比べると、確かに「徳」の語の使用例は下篇に集中しており、逆に形而上的な「道」を説くことは、わずかに上篇に多いようである。しかし、上・下篇の内容に、それほど決定的な区別があるようには思われない。ちなみに『老子』の第一章は、「道の道とすべきは常《つね》の道に非《あら》ず」という句に始まり、下篇の首である第三十八章は、「上徳は徳とせず」という句に始まる。道経・徳経という区別は、上・下それぞれにおける冒頭の文字によって生じたと解すれば、もっともすっきりした説明がつくことになろう。

一方、上・下二篇を通じて八十一章に分けられている文章の次第・順序も、どうしてこのように配列されているのか、それはまったく不明である。たとえば、第一章は

「道」に関する言葉であるが、次の第二章では世にいう善悪美醜の相対性が論ぜられ、次の第三章では無知無欲を旨とする「無為の治」が説かれる、そして、第四章ではふたたび「道」を説く、というようであって、少なくとも同旨の文を一ヵ所に集めるというような編纂《へんさん》意識は感ぜられない。要するに断片的な言葉を雑然と集成した書、というのがその印象である。

ところで、このような『老子』（あるいは『老子道徳経』）とは、いつごろ、どのようにして作られたのであろうか。

二十世紀に入ってからの、わが国の通説は、まず前三〇〇年以降に原本が作られ、その後いくたびとなく増補改訂が加えられて、現行本としての最終的成立は前漢の中期、前一〇〇年ころに下る、ということであった。原本の成立を前三〇〇年以降とするのは、儒教批判の文中に、『論語』にはなく『孟子』に始まる「仁義」の語が見えること（十八章）などが主たる根拠であり、最終的形成を前漢中期とするのは、戦国末漢初の書に引く老子言に現行本と相違する文がかなり見えることから、その時期、『老子』のテキストはまだ一定していなかった、と解したことによる。

ところが、二十世紀後半になって二種の写本が出土したことから、以上の通説は訂正を迫られることとなった。以後、本書で時折言及することにもなるので、ここで二種の古写本について一言しておこう。

2　近年に出土した写本二種——帛書老子と竹簡老子

「帛書老子」　一九七三年の春、湖南省長沙《ちょうさ》の馬王堆《まおうたい》漢墓の一号墓から、二千百年の歳月を経て、いまなお生けるがごとき老夫人のミイラが発見され、このことは当時の新聞のトップを飾って大々的に報ぜられた。まことに驚異的な報道であったが、中国思想の研究家にとって、それにもまして衝撃的であったのは、同年の十二月、その三号墓からおびただしい写本のひと山が発見され、そのなかに二部の『老子』が含まれていた、というニュースである。

これらはすべて絹布《けんぷ》に筆写されていたことから「帛書《はくしょ》」と称するが、さて、「帛書老子」二部の出現は、これまでにおける『老子』研究の常識を揺るがすものであった。

三号墓の主人公が葬《ほうむ》られた年は、同時に発掘された木簡の年号から、前漢文帝の前元十二年（前一六八）とされる。したがって、二部の「帛書老子」は、おそくとも前一六八年以前に書写されていたことになるが、実際には、さらに古く溯《さかのぼ》るという。「帛書老子」二部は、発見の当時から調査研究に当たっていた専門家グループ（馬王堆漢墓帛書整理小組）によって甲本・乙本と名づけられたが、その人々の研究によると、甲本の書写年代は、おそくとも漢の高祖の即位（前二〇六）した直後と推定されたのであって、その根拠は次のようである。

中国には古くから「避諱《ひき》改字」という習慣があった。それは時の天子の実名（諱《いみな》という）に当たる文字を書くことを遠慮して、別の字に置き換えるということであって、たとえば、唐の太宗の諱は李世民《りせいみん》であるが、唐代の人は、「世」「民」と書くべきところを遠慮して、「代」「人」と記す、というようである。

ちなみに「帛書老子」甲本では、「国」という字が「邦」と記されている。たとえば、八十章の「小国寡民」は「小邦寡民」というようにである。しかし、これは甲本が「邦」と改めたのではない。「邦」と記すのが本来の姿であって、「邦」が「国」となったのは、実は漢代の人が、高祖劉邦《りゅうほう》の名を避けたことによる。つまり、甲本が「邦」字を使用しているのは、それが高祖の即位する以前の書写本であることを示す証拠だ、というのである。

ところで「帛書老子」は、奇妙なことに上篇道経と下篇徳経が入れ替わって、いわば「徳道経」の体裁《ていさい》となっている。しかし、それは戦国末から漢初にかけて流行した黄老道家の用いた特異なテキストであって、『老子』の本来がこのようであったわけではない。また徳経・道経のそれぞれは、現行本にくらべて章の順序にわずかな相違はあるものの、各章ごとの本文はほとんど合致している。その意味で「帛書」は、現行本の祖形ともいえるテキストである。道経・徳経の名称の歴然と見えることにも留意すべきであろう。

「帛書老子」のもつ意義は、以上から知られるように、まず現行本の最終的形成を漢代中期とする通説を、「帛書」の時代、すなわち戦国末秦代まで百年ほど引き上げたことである。しかし「帛書」のもつ意義は、これにとどまるものではない。

いったい『老子』のテキストは、長年にわたり筆写によって伝えられており、それだけに文字の異同が多く、そこで諸種のテキストを参照して善本・定本を作る作業が、現今に至るまで続けられてきた。その場合有力な資料となるのは古写本であって、それは二十世紀の初頭に敦煌《とんこう》の石室から発見された唐代の前半（七〇〇年ころ）のものがもっとも古いとされてきた。ところが「帛書」は、それを一気に九百年も溯る、戦国末秦代の古写本であり、しかも『老子』の全文を具《そな》えている。『老子』の校訂作業のうえに「帛書」のもつ意義は、まさに絶大なのである。

「竹簡老子」　「帛書老子」の発見からわずか二十年の後、『老子』の研究は、さらに一大衝撃に見舞われることとなった。一九九三年冬のこと、湖北省荊《けい》門《もん》市郭店《かくてん》にある戦国楚《そ》の貴族の墓から、竹簡《ちくかん》に記された諸種の文献が出土し、その中に約二千字を残す『老子』が含まれていたのである。いま便宜上、「帛書老子」に準じて「竹簡老子」と呼んでおこう。

散佚《さんいつ》部分を含む「竹簡老子」の全容は不明ながら、残存する約二千字を現行本と比べると、本文はほぼ合致している。しかし、章の順序はまったく異なっており、またかなりの長文である六十四章が、前半と後半とに二分されて別々の場所に位置しているる（一八〇頁参照）。さらに六十四章以外にも、各章の一部分が単独の一章として記されている例が数ヵ所あり（たとえば二十章、七〇頁参照）、現行本に較べて短い章の多かったことが推定される。つまり「竹簡老子」は、現行本の前段階とも称すべきテキストであって、その後、短い章をまとめて長文化し、章の順序を入れ替えたりして、漸次《ぜんじ》現行本に近づいていったものと思われるわけである。

残存する約二千字中には、仁義の語を含む十八章に相当する文も見えており、成書年代は孟子以後、前三〇〇年を下るものと思われる。散佚部分を含む「竹簡老子」の総量は、諸種の事情から推して、まだ現行の五千数百字には到底達していなかった、と考えられるが、しかし、その相当量を含むテキストとして形成されていたことは確かである。

「竹簡老子」は、残存する約二千字だけを見ても、かなりに多様な思想が混在しており、さらに溯る原本のあったことが想像される。その原本は、「竹簡」から現行本への推移を逆行させて考えると、「竹簡」にもまして短い章を多く含むものであり、とくに当初の原本は警句的断章を羅列する体《てい》のものであったかと考えられる。

以上から知られるように、「竹簡」の出土は、『老子』の原初的成立に関する従来の通説を根本から覆すものである。すなわち、これまで最初の原本出現の時期と考えられていた前三〇〇年のころ、『老子』はすでに現行本に近いテキストとして形成されていたのであり、しかも、それを溯る原本の存在まで想定されることとなったのである。その原本がいつごろ成立し、どのような内容であったか、それは不明であるが、その成立が孟子に先行することは確かであって、現行本に見える孟子の影響は、「竹簡」以後に生じたもの、ということになる。

要するに「竹簡」は形成途上の『老子』であり、「帛書」を溯る最古の写本である。しかし、現行本に対しては、その様式があまりにも違いすぎて、校訂資料として利用するには慎重な配慮を必要とする。ただ「竹簡」は、八十一章それぞれのまとまりが、必ずしも本来的なものではないことを明らかにした。『老子』を読む場合、時に困惑するのは、同じ章でありながら、後半に至って論旨を異にする文に逢着《ほうちゃく》することである。従来の解釈は、極力それを疎通することにつとめてきたが、「竹簡」から現行本へと推移した状況に照らすと、むしろそのままに放置しておいたほうがよいのではないか、とも考えられてくるのである。

3　再び現行本について

『老子』について注目すべきは、中国・日本を通じて膨大な量にのぼる注釈書が作られていることである。たとえば、明《みん》の正統十年（一四四五）に編纂《へんさん》された「道蔵」(道教の一切経）は、当時に行われていた「老子注」約五十種を収めているが、これにもれたもの、その後に作られたものを加えれば、優に百種を超えるはずである。しかも、それ以前に散佚した書も少なくない。たとえば、七世紀末の書籍目録である『隋書《ずいしょ》』経籍志は、当時行われていた「老子注」十八種を載せる一方、亡佚書《ぼういつしょ》約三十種を記している。しかも、その十八種にしても現存するのは、次にいう『王弼注《おうひつ》』と『河上公注《かじょうこう》』の二種にすぎない。作られては散佚した分を含めて、いったい幾種類の注釈が作られたものか、ちょっと見当もつかない。はっきりいえることは、注釈書の数において、『論語』は『老子』の足もとにも及ばない、ということである。『老子』に注釈書が多いのは、まず、約五千数百字という小冊子であることが著作を容易にした、ということである。また、簡潔な本文は、受け取り方によってどのようにも解釈できる余地を残していること、難解な本文は、また難解のゆえに自由な解釈を許容しうるものであること、これらの事情が注釈者の意欲をかき立てた、というわけなのであろう。同時にそれは、『老子』の書がいかに大勢の読者をもっていたか、という証拠である。

ところで、おびただしい数にのぼる『老子』注釈書のうちで、最も古い伝統をもち、代表的な注釈書とされるのは、『王弼注』と『河上公注』の二種である。この二種の注がよりどころとするテキストには、いくぶんか文字の異同があり、そこで、両注の依拠したテキストを、それぞれ「王弼本」「河上公本」と称する。おびただしく作られた「老子注」は、ほとんどこの二種のテキストのいずれかに拠《よ》るものである。

本書の方針

以下に記す『老子』の本文は、原則として「王弼本」によったが（最良の「王弼本」とされる日本の明和七年〈一七七〇〉刊、宇佐美恵校訂『王注老子道徳経』を使用)、随時その他のテキストを使用した。有名な言葉を引用する場合、できるかぎりわが国で慣用となっている表現を用いたほうがよいと考えたからである。また、本来は、いちいちその旨を注記すべきであるが、小著の性質上、煩を恐れて多くは省略した。ただ、上記の「帛書」と「竹簡」は新資料であるので、これに依拠した場合だけは断ってある。

本文は、いわゆる「書き下し文」によった。また解説の文中、とくに「現代語訳」に相当する文は『　』に入れて示した。

第一章　世相批判の言葉

1　学を絶てば憂い無し――老子の独白（二十章）

この句に始まる二十章は、老子の「独白の言」として知られる。さきに老子は、何よりも行き過ぎた人知文明を批判する「警世の哲人」であったと述べたが、本章はまさに、そうした意味における独白である。物質的欲望を追い求め、知恵・学問を競いあう世間に対して、これに同調できない自身を「我は愚人の心なるかな」と自嘲《じちょう》しつつも、しかし老子は、内に秘めた深い憂慮の念を、ここに切々と吐露《とろ》する。そして最後には、かたくなに「道」を守りつづける自身の立場を述べて、結びとしているのである。

前にも述べたように、『老子』には固有名詞がいっさい出てこない。「老子曰《いわ》く」という類《たぐい》の表現も見えないのである。ただ、時折に「我」という一人称を交えた文があり、そこに、わずかに著者自身をかいま見る思いがする。「衆人」「俗人」に対する「我」の立場を述べる形で展開する本章は、「我」の語のもっとも頻出する一章であり、したがって、著者自身をもっとも身近に感ずる一章ともなっている。

論旨は三節に大分されるように思われるので、本書でも三分して解説を加えていく。

学《がく》を絶《た》てば憂《うれ》い無し。唯《い》と阿《あ》と相去《あい》ること幾何《いくばく》ぞ。善と悪と相去ること若何《いかん》。人の畏《おそ》るる所は畏れざるべからず。荒《こう》として其《そ》れ未《いま》だ央《つ》きざるかな。（二十章―①）

『学問をやめてしまえば心の憂《う》さは解消する。〔礼の学問では、応答の言葉ひとつにもやかましいことをいうが、〕唯（ハイッ）という短い返事と阿（あー）という間延びした返事と、いったいどれほどの違いがあるというのだろう。〔世間では善悪の区別をやかましくいうが、〕いったい善と悪との間に、どれほどの違いがあるというのだろう。とはいえ、世の人の慎むことは、やはり、自分も慎まなければなるまいが、さてそうなると、どこまで慎んだらよいのか、果てしのないことだ』

「唯《い》」とは、年長者に対する応答の言葉。てきぱきとした応答で、日本語の「ハイッ」に当たる。「阿《あ》」とは相手に対する敬意を欠く応答の言葉。間延びした応答で、日本流にいう生返事の類《たぐい》、「あー」に相当する。

儒家の礼学では、返事のしかたをやかましくいう。『礼記《らいき》』曲礼《きょくらい》篇上に、父や師から呼ばれたときには「唯」と答えよ、「諾」と答えてはならない、という文が見える。ここに「諾」とは、日本流にいうと「はーい」と間延びした返事で、父や師に対してこのような応答をしてはならない、短くはきはきとした返事、「ハイッ」と答えよ、というのである。『老子』にいう「阿」は、『礼記』にいう「諾」に相当する。世間では「唯」と「阿」の区別をやかましくいう。しかし、本質的にいって、この両者の間に果たしてどれほどの違いがあるのだろうか。老子は、まず、このように問いかける。そして、次にこれを受けて、「世間では善と悪との区別をやかましくいうが、いったい善と悪との間にどれほどの違いがあるのか」と述べているのである。

冒頭の一句、「学を絶てば憂い無し」（「絶㆑学無㆑憂」）は、世にいう学問を無用とする老子の言として知られている。しかし、以上から知られるように、ここにいう「絶学」とは、とくに儒教の礼学を目の敵《かたき》にするものである。同時に儒家が、仁義の道徳律をふりかざして正邪善悪を裁断することに苦言を呈するものであった。「善と悪と相去ること若何《いかん》」という句は、このような趣旨をいくぶんか誇張して述べるものであって、人の社会にある、おのずからなる善悪の別まで否定するものではない。しかし、それにしても、この句のもつ印象はどぎついばかりに強烈である。

さて、老子の独白は、以上のようにまず、世の学問道徳を批判することから始まるが、これに続いては、華《はな》やいだ物質文化に酔いしれる世相を慨嘆して、次のようにいう。

衆人は熙々《きき》として、太牢《たいろう》を享《う》くるが如《ごと》く、春、台《うてな》に登るが如し。我は独《ひと》り泊《はく》として其《そ》れ未《いま》だ兆《きざ》さず。嬰児《えいじ》の未だ孩《わら》わざるが如く、儽々《るいるい》として帰する所無きが若《ごと》し。衆人は皆余《あま》り有りて、我は独り遺《うしな》えるが若し。我は愚人の心なるかな。沌々《とんとん》たり。（二十章—②）

『世の人は浮き浮きとして、まるで太牢《たいろう》の盛宴にあずかっているかのようであり、うららかな春の日に高楼の眺めを楽しんでいるかのようだ。それなのに私だけは、ひっそりとして心を動かすこともない。まだ、笑うことを知らぬ嬰児《えいじ》のようであり、しょんぼりとして落ち着くさきもないかのようだ。世の人はみなあり余っているのに、私だけはすべてを失ってしまったかのようだ。さても私の心は、愚か者の心よ、まるでくらやみのようだ』

「太牢《たいろう》」とは、本来は祭祀《さいし》における用語であって、牛・羊・豚三種の牲《いけにえ》を具備した祭り方をいうが、ここでは、いわばフルコースの盛宴の意。「儽々《るいるい》」は疲れ果てたさま。「沌」は「忳」と同じで、おろかなさま。

独白の第三段は、己《おのれ》の才能・賢知をひけらかして得々としている世の知識階級に対する批判の言である。

俗人は昭《しょうしょう》々たるも、我は独り昏々《こんこん》たり。俗人は察々《さつさつ》たるも、我は独り悶々《もんもん》たり。澹《たん》として其《そ》れ海の若《ごと》く、飂《りゅう》として止《とど》まること無きが若し。衆人は皆以《もち》うる有りて、我は独り頑《がん》にして鄙《ひ》なるに似る。我は独り人に異《こと》なりて食母《しょくぼ》を貴《たっと》ぶ。（二十章―③）

『世俗の人はいかにも利口そうであるのに、私だけは暗やみのようだ。世俗の人はいかにも分別あり気なのに、私だけはもやもやしている。ゆらゆらとして大海の漂うがごとく、ひゅうひゅうと風が吹いてやむことがないようだ。世人はみな、有能らしく振舞っているのに、ただ私だけは頑固で泥臭い。私だけは変わり者で「食《やしな》いの母」（根原の「道」）を大切に守っているのだ』

第二段を「我は愚人の心なるかな」と結んだ老子は、ここでは、世俗の才人・知恵者が、いかにも賢げに、有能らしく、てきぱきと振舞うのと対照的に、己《おのれ》の愚鈍ぶりを説く。というより、愚鈍に振舞わずにはおられない自己の心境を、切々と訴えているのである。

なお、「察々」と「悶々」とを対照的に説く例は五十八章にも見える（二〇九頁）。また、「食母」とは、養い育ててくれる母の意で、ここでは、万物を養い育ててくれる母、すなわち「道」のことである。

『史記』の「老子伝」によれば、「老子は道と徳とを修めた。その学説は、自らを隠し、世に名をあらわさないことを信条とした」とある。以上の二十章は、いかにもこの評語にふさわしい。民の窮乏も知らぬ気に奢侈《しゃし》にふける世の為政者、己の知と才とに任せて為政者に取り入り、世の混乱を助長していることに気のつかぬ賢者たち、こうした人々に対して、老子は厳しい批判の目を向ける。しかし、それを公然と口に出して彼らを論難することは、けっきょく同じ土俵で勝敗を争うことになる。あくまでも無名の一私人として、深い憂慮の念を示すというのが、「警世の哲人」老子の態度であった。次項の言も、また、このような老子の境地を示すものである。

◉「老子の独白」として有名な本章は社会の片隅で戦国の世相を睨んでいた哲人老子の原点であることを思わせる。ただ「竹簡」では、三段中の第一段だけが、別の一章とされている。第二段が、陽気で楽しげな世人と、それに同調できない我、第三段が、有能らしく活躍する世人と、その気になれない我、という対照であるのに、第一段は、偏狭な世の道徳律に対しての憤懣《ふんまん》であって、その意味で、第一段の別行はうなずけよう。つまり、原本では、第一段と、第二・第三段と分かれて二つの章であったのが、その後まとめられて現行本の形となった、と考えられるのである。

2 聖人は褐《かつ》を被《き》て玉を懐《いだ》く（七十章）

「褐《かつ》」はまだ紡《つむ》いでいない麻で織った衣服。また、粗い毛織の衣服。要するに賤者《せんじゃ》の着る粗末な着物のことである。戦国の世の荒廃を深く憂慮しながらも、進んで世に訴えることもせず、ぼろをまとって陋屋《ろうおく》に隠居し、ひたすら「道」を守りつづける得道者《とくどう》のさまを述べる句である。まず、この句を結びとする七十章の全文を次に示すこととしよう。

吾《わ》が言は甚《はなは》だ知り易《やす》く、甚だ行い易きに、天下能《よ》く知る莫《な》く、能く行う莫し。言に宗《そう》有り、事に君《きみ》有り。夫《そ》れ唯《た》だ知ること無し。是《ここ》を以《もっ》て我を知らず。我を知る者希《まれ》なれば、則《すなわ》ち我は貴《たっと》し。是を以て聖人は、褐《かっ》を被《き》て玉を懐《いだ》く。（七十章）

『私の言葉は、とても分かりやすく、とても実行しやすいのだが、世のなかに理解できる人はなく、実行できる人もいない。私の言葉には大本《おおもと》があり、行動には中心があるのだが、そもそも、世の人はそれを知ろうともしない。だから、私の真実がわからないのだ。しかし、私を理解しようとする者が少ないからこそ、私〔という存在〕は貴重である。「聖人はぼろを衣《き》て心に玉を懐《いだ》く」という言葉があるが、私も、私の真実を玉のように大切にして生きていきたいものだ』

「言に宗《そう》有り、事に君《きみ》有り」とは、その言行に一定の主義・信条がある、というくらいの意味である。世をあげて富国強兵に狂奔する戦国の世において、老子の論説はまさにそれと逆行するものであった。このことを老子は十分に自覚している。公然とではなく、世間の片隅でひそやかに自己の信条を吐露していたと思われる老子は、その意見が世に入れられないことを慨嘆する。しかし、そうかといって積極的に世と争うことは、もちろん老子の本意ではない。とすれば、「我を知る者希《まれ》なれば、則《すなわ》ち我は貴《たっと》し」とでもいうほかはないのであろう。いささか「引かれ者の小唄《こうた》」に類するが、世間と同じ土俵で争うことを潔《いさぎよ》しとしない老子の立場として、それもやむをえないことであったろう。

同じように老子の嘆きを示す言葉として次に記す五十三章がある。

我をして介然《かいぜん》として知《ち》有らしめば、大道《たいどう》を行きて、唯《た》だ施《ななめ》なるを是《こ》れ畏《おそ》れん。大道は甚《はなは》だ夷《たい》らかなるに、民は径《こみち》を好む。（五十三章―①）

「介」は芥の意で「介然」は微少なさま。「施」は、ここでは迤（ななめ・よこしま）の意。

『もし、私がほんの少しでも世俗的な知恵をもつとすれば、無為の大道を行くのに、わき道にそれることを恐れるであろう。〔私には、そのような知恵がないからわき道にそれることもないが、とかく世俗の人は私知を弄《ろう》してわき道にそれやすい〕。無為の大道はまことに平坦《へいたん》で歩きやすいのだが、なぜか人はわきの径《こみち》にそれたがる』

さて、ここにいう「径《こみち》」とは具体的に何をいうのであろうか、上文に続いて老子は次のようにいう。

朝《ちょう》は甚だ除《じょ》せらるるに、田《た》は甚だ蕪《あ》れ、倉《くら》は甚だ虚《むな》し。文綵《ぶんさい》を服し、利剣《けん》を帯び、飲食に厭《あ》き、財貨は余り有り、是《これ》を盗夸《とうこ》（夸は誇に同じ）と謂《い》う。道に非《あら》ざるかな。（五十三章―②）

『宮室は美麗で掃除も行き届いているが、田畑は荒れ果て、穀物倉はからっぽ。それなのに〔上流の人々は〕美しい色どりの服を身に着け、りっぱな剣を帯び、たらふくごちそうを食べ、あり余る財貨をためこんでいる。こういうのを盗人《ぬすっと》の栄華という。なんと大道にはずれたことであろう』

老子は、世俗的な知恵・才能を徹底的に排除する。これをもつ人々が権力者と一体となって、民の疲弊をも顧みず、奢侈《しゃし》に耽《ふけ》っているさまを慨嘆するからである。老子にとって、こうした人々のあり方は、「大道」をはなれて「径《こみち》」にそれるものであった。人が「径」にそれるのも、なまじの知恵・才能があるからだ、老子がことさら

「知」を退けようとするのは、この点に思いを致してのことである。それにしても「盗夸《とうこ》」というきめつけ方は手厳しい。

もっぱら奢侈に耽り、官能的快楽を追う上流階級を批判する文として次の十二章がある。

五色《ごしき》は人の目をして盲《もう》ならしむ。五音《ごおん》は人の耳をして聾《ろう》せしむ。五味《ごみ》は人の口をして爽《たが》わしむ。馳騁田猟《ちていでんりょう》は、人の心をして狂《きょう》を発せしむ。得難《えがた》きの貨《か》は、人の行をして妨げしむ。

是《ここ》を以《もっ》て聖人は、腹を為《な》して目を為さず。故《ゆえ》に彼《かれ》を去りて此《これ》を取る。（十二章）

五色は青・赤・黄・白・黒。五音は宮《きゅう》・商《しょう》・角《かく》・徴《ち》・羽《う》の五音階。五味は酸・鹹《かん》・甘・苦・辛をいう。ここでは、それらによって作られる、豪華な装飾、音楽、料理のこと。「馳騁《ちてい》」は馬を走らせること、「田猟《でんりょう》」は狩猟のこと、いずれも貴族社会における最上の娯楽であった。

『色とりどりの華麗な装飾は人の目をくらませる。数多《あまた》の楽器を取り揃えて賑やかに演奏される音楽は人の耳をだめにする。贅《ぜい》を尽くした山海の珍味は人の口をおかしくさせる。乗馬や狩猟の遊びは、人の心を狂わせる。得難い財貨は〔執着の心を生んで〕、人の正常な行動を妨げる。

そこで聖人は、腹（内面的自己）を充《み》たすことに務め、目（感覚的快楽）を楽しませることはしない。つまり、あちらの華美を捨てて、こちらの素朴に就くのである』

3　戦い勝つも喪礼《そうれい》を以て之に処《お》る（三十一章）

戦勝のニュースが伝われば、銃後の国民は花火を揚げ、旗行列をしてこれを喜ぶ。凱旋《がいせん》将軍は、群衆の歓呼と小旗の波に盛大な出迎えをうける。洋の東西を問わず、どこにでも見られる光景であろう。ところが老子は、喪礼（葬式の礼）をもってこれに対処せよ、という。

「不争」を信条とする老子は、当然のことながら徹底した非戦論者である。しかし、戦国の世の現実として、やむをえず戦《いくさ》を交えなければならないときのあることは認めざるをえなかった。標題の句を結語とする三十一章は、このような状況に立ち至った為政者の取るべき態度と心構えとを述べるものである。

夫《そ》れ唯《た》だ兵は不祥《ふしょう》の器《き》なり。物、或《つね》に之《これ》を悪《にく》む。故《ゆえ》に有道の者は処《お》らず。君子は、居《お》れば則《すなわ》ち左を貴《たっと》び、兵を用うれば則ち右を貴ぶ。(三十一章―①)

『まことに武器というものは「不祥の器」(不吉の道具)である。だれもがつねに忌《い》み嫌《きら》うものである。だから、有道者はそれから遠ざかろうとする。君子は、平生は左側を尚《たっと》ぶが、武器をとるときは右側を尚ぶ』

「兵」は、現在の日本ではもっぱら兵士のことであるが、もとは武具一般をも意味した。「不祥」は不吉と同じで、「不祥の器」とは、つまり、凶器ということである。現今、犯罪者の使うピストルや短刀のことを凶器と称するが、この言葉は、古くから中国で、武器を忌み嫌う趣旨で用いられていた。たとえば、秦《しん》代の書である『呂氏《りょし》春秋』に、「凡《およ》そ兵は天下の凶器なり」とあるのがそれである。「物」は、ここでは人のこと。三八頁で述べたように、老子にとっては、人もまた万物の一つである。「物」が実質的に人を指す例は『老子』の随所に見える。

兵は不祥の器《き》にして、君子の器に非《あら》ず。已《や》むを得ずして之《これ》を用うるときは、恬淡《てんたん》を上と為《な》し、勝ちて美とせざれ。而《しか》るに之を美とする者は、是《こ》れ人を殺すことを楽しむなり。夫《そ》れ人を殺すことを楽しむ者は、則《すなわ》ち以《もっ》て志を天下に得べからず。

（三十一章―②）

『武器は不吉の道具であって、君子人の道具ではない。やむを得ずして用いるときは、あっさりとした態度で臨む（一刻も早く切り上げるようにする）のがよい。勝利を収めたからとて喜んではならない。もし、喜ぶとすれば、それは人を殺すことを楽しむことである。そもそも人を殺すことを楽しむようでは、志を天下に得ることなどできようはずがない』

吉事には左を尚《たっと》び、凶事には右を尚ぶ。偏《へん》将軍の左に居《お》り、上将軍の右に居るは、喪礼《そうれい》を以《もっ》て之《これ》に処《お》るを言うなり。人を殺すこと衆《おお》ければ悲哀を以て之に莅《のぞ》み、戦い勝つも喪礼を以て之に処る。

（三十一章―③）

『一般に吉事（祝儀）には左を貴《たっと》ぶが、凶事（不祝儀）には右を貴ぶ。ところが軍隊では、副将軍が左におり、上将軍が右にいる。それは戦争を葬儀と同じく凶事と考えるからである。

多くの人を殺す戦争には悲哀をもってこれに臨み、戦い勝っても葬礼をもってこれに対処するのだ』

さて、右と左とのいずれを貴しとするか。たとえば、日本では左・右大臣のうち左大臣を上席とするが、中国では、左・右僕射《ぼくや》（宰相職）のいずれを上席とするか、時代によって異なるようである。また、怪しげな術を使って民衆を惑わすことを、なぜか「左道《さどう》」と称したり、「右に出る者はない」という言い方が一般化していることからすると、右を貴ぶようにも思われる。左・右のいずれを貴しとするかの議論は、両説並び行われていて、結局はそのいずれとも定めにくい、というのが実情である。

ここでは、「一般には左を貴ぶ、しかし葬礼と軍事では、それが逆になって右を貴ぶ」とする。両者ともに凶事であるからそうするのだ、というのが上文の趣旨であるが、ただし、これが戦国の世の一般的慣習であったかどうか、それはよくわからない。

なお、さきに武器のことを凶器と呼ぶ例が、早く『呂氏春秋《りょししゅんじゅう》』に見えることを述べたが、凶器とは、もともとは葬礼に使用する道具のことである。喪葬の事と軍事と、両者を併せて凶事とすることは、必ずしも『老子』のみのことではなく、中国一般の慣習でもあった。しかし、戦争が葬儀と並ぶ凶事であることを、かくも特筆大書した人物が老子だけであることも、また事実であって、非戦論者老子の面目は、この点において躍如としているといえる。

一九四五年五月七日、ドイツ軍が降伏してヨーロッパでの第二次世界大戦が終了したとき、シュヴァイツアーはアフリカのランバレネ（現ガボン共和国）の病院で相変わらず黒人患者の医療に当たっていた。たまたまラジオで大戦終了のニュースを傍受したヨーロッパ系の患者から聞いて、このことを知った彼は、その日の夜、仏訳の『老子』をひもどいて、心静かにこの一章を玩味《がんみ》したという（山室三良氏、中国古典新書『老子』〈明徳出版社刊〉による）。

黒人の救済に生涯をささげ、のちにノーベル平和賞を受賞したシュヴァイツアーに関する、興趣深いエピソードである。

戦争を否定する趣旨のものとして、『老子』にはさらに次のような言葉がある。

師（軍隊）の処《お》る所に荊棘《けいきょく》（いばら）生じ、大軍の後《のち》に必ず凶年有り。（三十章）

『兵馬に踏みにじられ、戦禍にさらされた村落は、そのあとに住む人もない。田や畑は荒れるに任せていばらがはびこっている。大きな戦争のあとは、かならず凶年になる』ということ。後半の句は、テキストによってこれを欠く場合があり、最古の写本である「帛書《はくしょ》」にも見えないことからすると、あるいは後世の書き加えであるかもしれない。そういえば、あまりに簡明にすぎて、警句としてのおもしろみに欠けるようである。

同類の文をもう一つあげておこう。

天下に道有れば、走馬《そうば》を却《しりぞ》けて以《もっ》て糞《たつく》る。天下に道無ければ、戎馬郊《じゅうばこう》に生《うま》る。*罪は欲すべきより大なるは莫《な》く、禍《わざわい》は足るを知らざるより大なるは莫く、咎《とが》は得んと欲するより大なるは莫し。故《ゆえ》に足るを知るの足るは、常《つね》に足る。（四十六章）

＊この一句、底本（王弼本）には見えないが、帛書及び諸本によって補った。

前半は『天下に道があれば、足早の馬（軍馬、主として牡馬《おすうま》）は退いて〔田野で〕耕作に従事する。天下に道がなければ、軍馬が国境付近に生まれる』ということ。以下の文については一四九頁に詳説するが、要するに「満足することを知れ」という無欲のすすめである。「糞」の本義は、ヤシナウと読んで肥《こえ》で田畑を培《つちか》う意であるが、ここでは広く農耕の作業をいう。

「戎馬郊《じゅうばこう》に生《う》る」の句には、実はもう少し立ち入った意味がある。というのは、前漢の人である桓寛《かんかん》（前八〇年前後）の『塩鉄論』（未通篇）に次のように見えるからである。

古代の聖王である禹《う》のときには、走馬《そうば》を却《しりぞ》けて以《もっ》て糞《たつく》りした。しかるに当今はいくさが頻繁に発生して軍馬が不足し、補充のために牝馬《めすうま》まで軍陣に入るようになり、そこで仔馬《こうま》が戦地で生まれる事態となっている。

この文が『老子』をふまえていることは明らかであるとして、これから考えると、「戎馬郊に生る」の句の由来は、「一般に軍馬には牡馬《おすうま》だけを使い、牝《めす》馬はもっぱら農耕用であった。ところが、相次ぐ戦《いくさ》のために軍馬が足りなくなって牝馬まで徴集されるようになり、そこで、〔戦場となった〕国境付近で仔馬が生まれるようになった」ということであるらしい。

ともあれこの句の趣旨は、平和のときには田野にあって農耕に従事する馬が、ひとたび戦が始まると戦場に駆り出され、必然的に農村は荒廃する、ということである。戦が農村を疲弊させるという発想は、さきに述べた「師の処《お》る所に荊棘《けいきょく》生ず」の句とまったく同じであるといえよう。なお、後半の四句は、こうした戦禍の原因が、何よりも君主のあくなき欲望にあることを強調しているのである。

4　大道廃《すた》れて仁義有り（十八章）

この句は儒教批判の言としても知られるが、本句に始まる十八章は、むしろ儒教をも含んで広く人知・文明に対する批判の言として解すべきであろう。次に示すように本章を構成する四句は、いずれも簡潔さのなかに深い含蓄がこめられており、警世の哲人老子の面目を躍如たらしめる名言である。とくに末句の「国家昏乱《こんらん》して忠臣有り」の句は、わが国でも有名である。

大道廃《すた》れて仁義有り。
慧知《けいち》出《い》でて大偽《たいぎ》有り。
六親《りくしん》和せずして孝慈《こうじ》有り。
国家昏乱《こんらん》して忠臣有り。（十八章）

便宜上、まず後半の三、四句について述べ、次に一、二句に移ることとする。「六親《りくしん》和せずして孝慈《こうじ》有り」。六親とは親子・兄弟・夫婦を指し、要するに親族のことである。親族の間がうまくいかなくなったから、そこで、「子は親に孝であれ、親は子に慈であれ」という「孝慈」の教えが生じた、というのである。

確かに老子の言うとおりであるかもしれない。だれに言われなくても、子は親に孝であり、親は子を慈しむ、というようであれば、ことさらに「孝慈」の教えはいらないはずである。あとで述べるように、老子は人々が孝慈であることを否定するものではない。ただ、ことさらに教えを立てて、それを人に強要することには絶対反対であった。無為の道が行われれば、六親の和合も完璧《かんぺき》となる。したがって、孝慈の教えも不要である。老子はひそかにこのように考えながら、「六親和せずして孝慈有り」と述べているのである。

「国家昏《こん》（混）乱《らん》して忠臣有り」。国家が平穏無事であるときには、忠臣義士の出る幕はない。浅野家断絶の悲劇がなければ、四十七士の名が後世に伝えられることもなかったであろう。しかし、四十七士にとって、忠臣の名を後世に伝えることよりは、むしろ平凡な一赤穂《あこう》藩士として生涯を送り、妻子に見守られながら、畳の上で死ぬことのほうがしあわせだったのではないか。老子は、忠臣の行為を賞賛し、忠義の教えを立てるよりも、むしろそれを必要としない状況を作り出すことが大切であると考える。無為の治が行われれば、忠義の教えを立てる必要もなく、忠臣の名を謳《うた》われる人物も現れようがない。「国家昏乱して忠臣有り」の句には、こうした感慨がこめられているのである。

以上から知られるように、老子は「忠孝」そのものを否定することはしない。むしろ国家・家庭を維持していくために、その必要性は十分に認めていた。とくに「孝慈」については、これをおのずからなる人の営みであると考えており、「忠」にしても、無為の治を行う君主に対しては、民がおのずと慕い寄るという意味でこれを容認しているのである。

ただ老子は、「忠孝」の教えを立てて、これを人に強要することには反対であった。そして、「忠孝」の教えが必要となる原因は、「六親不和」と「国家昏乱」にあるとする。このように説く老子の胸中には、無為の治が実現すれば、このような事態は解消し、人はだれに教えられるということもなく、おのずからに忠であり孝である、とする見解があった。これこそ老子のいう「不言の教」なのである。

老子の主張は、これまでのところではそれなりにわかる。しかし、どうもわからないのは、それでは何ゆえに「六親不和」「国家昏乱」の状況に立ち至ったのかということである。このことをおさえながら、次には立ちかえって第一句の意味を考えることとしよう。

「大道廃《すた》れて仁義有り」。「大道」とは、いうまでもなく、無為自然の道である。それが廃れて行われなくなった、そこで、「仁義」の道が生じた、というのである。つまり、太古には無為自然の道が行われていた、ところが、いつしかそれが行われなくなり、そこで、〔末世の教としての〕仁義が生じた、ということなのであろう。

くり返して述べてきたように、老子は無知無欲の素朴さをよしとする。人知が進まず、文明の開かれていない太古は、その意味で老子の理想とする世であった。儒教では、仁義の道を先王の道と称し、それが行われていた過去の世を黄金時代として考えている。古《いにしえ》を尚《たっと》しとする「尚古思想」は、中国の思想家に共通するものであって、老子が太古の世を尚ぶのは、儒家に対抗する意識もはたらいていた。その老子から見れば、儒家の理想とする堯舜《ぎょうしゅん》の世もまた末世なのである。

ともあれ老子は、仁義の生じた原因は太古素朴の道が廃れたことにあるとするが、さて、太古素朴の道の廃れた原因は、人知が進んで知恵を働かせるようになったからであるとする。次にいう第二句がそれである。

「慧知《けいち》出《い》でて大偽《たいぎ》有り」。人は知恵をはたらかせて、営々と今日の文明を築きあげてきた。しかし、その文明は、人をあくなき欲望の泥沼に追いこんで世を混乱させる一因となっている。また、知恵は悪知恵となって、人々は互いにだましあい、人間関係を険悪なものとしてきた。老子は、もっぱらこうした観点から、人の知恵と、その所産としての学問・文明を批判する。

さて、以上、十八章の四句を総合すると、次のようになろう。「太古素朴の世、人は無知無欲であり、そこにはおのずからなる秩序が保たれていた。ところが、人知が進むと、人は悪知恵をはたらかせるようになって、人心は荒《すさ》み、社会は混乱の様相を呈してきた。そこで、これを救うために、これもまた人知による規範として仁義・忠孝の教えが立てられ、人に強制されるようになった」というのである。

十八章の主張は以上のごとくであるとして、さて、それならばどうすればよいというのか。それに対する解答を述べるのが、次の十九章である。

聖を絶ち智《ち》を棄《す》つれば、民の利百倍せん。
仁を絶ち義を棄つれば、民は孝慈に復《ふく》せん。
巧を絶ち利を棄つれば、盗賊有ること無けん。（十九章）

「聖を絶ち智《ち》を棄《す》つれば、民の利百倍せん」。ここにいう聖は、儒教的立場での聖である。その意味での「英知と知恵とを捨て去れば、民の利は百倍する」ということ。「学を絶てば憂い事はなくなる」（二十章）、「学問をすればするほど、贅肉《ぜいにく》がついて無為の道から遠くなる」（四十八章）とあるように、老子は、人知の所産である知恵・知識・学問の類《たぐい》を、天下国家を混乱させる元凶として忌み嫌った。これらを排除して無為の道が行われるようになれば、人民はまことの福利を得る、というのがこの句の趣意である。

「仁を絶ち義を棄つれば、民は孝慈に復《ふく》せん」。さきに「六親《りくしん》和せずして孝慈《こうじ》有り」とあったが、そこにいう「孝慈」は儒家のいう孝慈であり、それは仁義の道によって導かれる人為的強制的な規範としての孝慈である。ここにいう「孝慈」は、太古素朴の世、おのずからに行われていた孝慈であって、これまで述べてきたように老子が親子間における孝慈というあり方を否定するものでないことは、この句によって明らかに知られる。要するに、「仁義の教えを捨てて無為の道を行えば、まことの孝慈に立ちかえることができる」というのである。

「巧を絶ち利を棄つれば、盗賊有ること無けん」。「巧」「利」は、狭義でいえば技巧と、それによってもたらされる便利な道具（利器）である。しかし、もう少し広く抽象的な概念として、この世における技術的なものと、その所産としての物質文明をさすと解するほうがよいであろう。これらが人の欲望を刺激して盗賊の横行する原因となる、というのである。「得難い財貨を貴《たっと》ばなければ、人民の間に盗賊はいなくなる」（三章）とある文も、これと呼応する。

さて、以上三句のうち、第一句は知恵・知識について、第二句は仁義によって代表される道徳的規範について、第三句はさまざまな技術とそれのもたらす物質文明について、それぞれ、それを排除すべきことをいう。総じていえば、あらゆる人為的な営みであって、これらのことごとくを排除することにより、原始素朴の世に立ちかえることができる、とするのである。

この二章のおもしろさは、老子に独特の逆説的論法が、まことに効果的に用いられていることである。たとえば、「大道廃《すた》れて仁義有り」の句。儒家では、「道ある世に仁義が行われる」とする。それは儒家に与《くみ》すると否とにかかわらず、きわめて常識的な論理である。その常識を破って老子は、「道が廃れることによって仁義を生じた」と説く。もちろん、ここにいう道は、老子に特有の「道」であって、世にいう道ではない。したがって、老子の立場からすればきわめて当然の論議なのであるが、しかし、世間一般の人は、意表を突かれた形で一瞬はっとする。この句が有名であるのは、こうした逆説のおもしろさにあるといえよう。

「六親《りくしん》和せずして孝慈《こうじ》有り」「国家昏乱《こんらん》して忠臣有り」も同様である。孝慈によって六親が和合し、忠臣によって国家が泰山《たいざん》の安きにおかれる、というのが世の常識である。ところが老子は、その常識を破って、六親の不和と国家の昏乱にそれを結びつけた。これもまた人の意表を突く警抜な発想である。しかし、それでいてなるほどと肯《うなず》かせる説得力をもっている。

この二句も広く知られており、日本人の著作にもしばしば引用されている。なお、「六親不和」の句を、わが国では「家貧しくして孝子出《い》ず」と説くことが多い。「家貧しくして」は、「国家昏乱して」に対応して何びとかが改めたのであろう。「孝慈」と「孝子」との関係であるが、『老子』の版本によって、少数ではあるがこれを「孝子」

に作るテキストがある（中公文庫・小川環樹訳注『老子』は「孝子」説を取っている）。「家貧しくして孝子出ず」の句は、もとになったテキストがすでに「孝子」とあったことから、容易にこのように改められた、ということかもしれない。

◉十八章冒頭の「大道廃有仁義」の前に、三十年前に出土した「帛書老子」では「故」の字が冠せられており、むしろ十七章とのつながりが問題となっていたが、その状況は最近出土したばかりの「竹簡老子」でも同様であり、しかも竹簡では、十七・十八両章が合して一つの章を成していた形跡が明らかとなった。ちなみに十七章（一九六、七頁）は、無為の治の極致を示すかと思われる内容であって、とすれば十八章にいう「大道」とは、本来はそれを指していたわけである。一方、十九章に相当する文は、竹簡ではやや異なる文となっており、しかも十八章とはまったく別の所に置かれている。

要するに原本の『老子』では、十七・十八両章が合して一つの章、十九章は無関係であった。現行本は、むしろ十八・十九両章を密接させるとともに、十九章の内容をそれにふさわしく改めたのである。

5　礼は忠信《まごころ》の薄きにして乱の首《はじめ》（三十八章）

世に虚礼という言葉がある。礼というものは、内なる真心があふれ出て、それがおのずからに礼という形式で示される、というのが本来の姿である。ところが、その真心が失われて、形だけが独り歩きすると、そこに虚礼が生まれてくる。また、虚礼というほどではないとしても、真心の程度が、逆に礼という形式によって測定されるということになると、人はいやでもその形式に拘泥《こうでい》せざるをえなくなる。真心さえあれば礼は必要でないとする論と、内に隠れた真心を外にあらわす手段として、礼という形式はやはり必要であるとする論と、両者いずれにも一理あり、容易には決着しにくい問題である。

ところで老子は、いっさいの礼を「虚礼」として斥《しりぞ》ける。人は真心をもってつきあえばそれでよい。ところが、世が乱れて人の真心が薄くなってくると、お互いに疑心《ぎしん》暗鬼《あんき》となり、そこで、相互の信頼関係を礼という形式によって、むりやりつなぎ止めねばならぬこととなる。老子が「礼は忠信《まごころ》の薄き」といったのは、このような意味からである。

また、礼は相互の応酬を本旨とする。したがって、一方が礼を行ったのに、受けた方がそれに応《こた》えないとなれば、両者の関係は一気に憎悪に転ずることともなる。礼にともなうこうした危険を、老子は強く懸念するのであって、「礼は……乱の首《はじめ》」とは、その懸念をいくぶんか誇張して述べているのである。

標題の句を含む三十八章は、全体として儒教を批判する文として知られている。老子の当時、儒家は最有力学派であり、しかも老子の嫌う道徳律・学問・知識の尊重を強く主張する学派であった。したがって、儒教批判の言は『老子』の随所に見え、本書でも折にふれて言及してきたが、ここでは三十八章の文について、その点を詳説することとしたい。

三十八章は、「上徳」の文字によって始まり、また下篇の首に位している。下篇を「徳経」と呼ぶ根拠の一つがこの点にあることは、すでに述べたとおりである。ここで注意しておきたいのは、

道 ─→ 徳 ─→ 仁 ─→ 義 ─→ 礼

というように、道家の「道」を最高とし、儒家の礼を最低とする徳目の序列が見える

ことであり、また、同じ儒家の徳目について、これを仁・義・礼という順序で下降させていることである。老子は、仁については、それほどに悪意をもっていないようであるが、しかし「礼」ということになると、これを徹底的に排除する。標題の句は、その気持ちを如実に示すものである。三十八章の見どころはこうした点にあるとして、次に全文をあげて解説することとしよう。

上徳は徳とせず。是《ここ》を以《もっ》て徳有り。下徳は徳を失わざらんとす。是を以て徳無し。（三十八章―①）

『上徳の人は、己《おのれ》に徳あることを意識しない。さればこそ徳は身について離れることがない。下徳の人は、己の徳を失うまいとする。そこで、徳が身につかない』

徳とは、得に通ずる字で、『老子』では「道」を身に体得した状態、「道」のあり方が身についた状態をいう。ここに「上徳」と「下徳」とについては、道家的な徳の程度をいうとする説と、「下徳」は、以下にいう仁・義・礼の総称と解する説とあるが、おそらく後者が勝《まさ》ると思われる。しかし、いずれにせよ、ここでは上徳をたたえることに意味があり、下徳は、上徳のあり方を際立たせるために並記したまでであろう。

上徳は無為にして、以《もっ》て為《な》す無く、〔下徳は之《これ》を為して、以て為すあり。〕上仁は之を為して、以て為す無く、上義は之を為して、以て為すあり。上礼は之を為して之に応ずることなければ、則《すなわ》ち臂《ひじ》を攘《かか》げて之を扔《つ》く。（三十八章―②）

『上徳の人は無為であって、為《ため》にするところがない。上仁の人は有為ではあるが、為にすることはない。上義の人は、有為であって、しかも為にするところがある。上礼の人は有為であって、しかも相手がこれに答えることがないと、腕まくりして突っかかっていく』

さて、〔　〕内の句、通行本のすべてに含まれているが、「帛書」には見えない。従来の『老子』解は、この句のあるために難渋していたが、「帛書」で読むと、まことに明快である。いま「帛書」に従い、〔　〕内を削除する。

上文についてまず注意されるのは、徳と、仁・義・礼とが、「無為」と「有為」とによって区別されていることで、いうまでもなく、これは道家と儒家との区別を示すものである。次には仁・義・礼三者の区別であるが、まず仁については、徳と同じく「為にすることがない」という評価が与えられている。つまり、「有為」ではあるが無償の行為だという意味で、仁に対してはかなりの高点をつけていることがわかる。次に義については、報いを期待する行為として、これを仁の下位に置く。そして、次の礼になると、期待する報いが得られなかったときには、あからさまに怒りの情を示す行為であるとして、これを最低とするのである。上述したように礼は、相互の応酬を基本としている。向けられた礼に対しては、相応の礼をもって答えるのが礼の法則であり、それに答えないことは非礼として社会的にも糾弾《きゅうだん》された。「腕まくりして突っかかる」という表現はいささか誇張にすぎるが、答礼を期待して得られなかった人の心情を、おおげさに示した言葉と解しておけばよいだろう。

なお、徳・仁・義・礼の四者に対して「上」がついているが、それは冒頭に、上徳・下徳の区別をしたことから、少なくとも徳については上徳と称せざるをえないことなり、それに準じて仁・義・礼にも上をつけた、というだけのことで、とくに下仁・下義・下礼のあることを意識するものではない。この部分についていうと、「上」の字は、あってもなくても意味はまったく同じである。

故《ゆえ》に道を失いて後《のち》に徳あり、徳を失いて後に仁あり、仁を失いて後に義あり、義を失いて後に礼あり。（三十八章―③）

はじめに述べたように、最高の「道」が失われて、徳・仁・義と下降し、最低の礼に至る次第を説くものである。十八章に「大道廃《すた》れて仁義有り」とあったように（八三頁）、老子は、原始素朴の「道」が廃れたため、末世の教えとして仁義が生じたとする。上文も、実はこれと同旨なのであって、ただ、「道」と仁とのあいだに徳を入れ、仁と義とを二段階とし、そのあとに礼を加えたのである。つまり、「大道廃れて仁義有り」の句を、さらに詳説するのが上文であるといえよう。

ところで、くり返し述べてきたように、徳とは「道」のあり方が身についた状態である。とすれば「道」が失われれば、同時に徳も失われるはずであって、この点からすると、「道を失いて後に徳あり」の句はおかしいのである。あるいは、形而上の原理である「道」が失われた後にも、しばらくは形而下の現象としての徳は残る、といった状況を想定しての言か、とも思われるが、要するに、ここでは、徳を「道」より一段低次のものと考え、このように記したまでのことであろう。仁と義とは、本来、別の意味をもつ徳目であるから、これを二分することは問題ないとして、注意したいのは礼を極限的な末期状況に生じた徳目と見ていることである。

無為自然の「道」の行われていた太古素朴の世、それは人を拘束する教戒規範の類《たぐい》の一切なかった時期である。こうした拘束がなくとも、おのずからのうちに社会の秩序が保たれ、人々は相互に親しみあい、信頼しあっていた時期である。ところが、「道」が行われなくなっておのずからなる秩序が失われ、おのずからなる親愛・信頼の情が失われてくると、人為的な徳目を設けて人を教戒し、また拘束する必要が起ってくる。しかしそれでも、はじめのうちは比較的拘束性の少ない仁を説くことで事足りたのであるが、末世になるにしたがって、しだいに拘束性の強い徳目が必要となってくる。仁から義へ、義から礼へという推移である。かくて同じ儒家の徳目のなかでも、礼はもっとも「道」に遠い徳目とされる。そこで老子は、その「礼」について鉄槌《てっつい》を下し、本章の結びとするのである。

夫《そ》れ礼は忠信《まごころ》の薄きにして乱の首《はじめ》なり。前識《ぜんしき》は道の華にして愚の始めなり。是《ここ》を以《もっ》て大丈夫《だいじょうふ》は、其《そ》の厚きに処《お》りて、其の薄きに居《お》らず。其の実に処りて、其の華に居らず。故《ゆえ》に彼を去りて此《これ》を取る。(三十八章―④)

『そもそも礼という道徳は、人の真心が薄くなったことから生じたのであり、争乱の第一歩となる危険をはらんでいる。また、人に先立って知る知恵・知識は、「道」からすればあだ花のようなものであり、愚行の第一歩である。だから、大丈夫たる者は、その厚いところに身を置き、薄いところにはいない。その実のところに身をおき、あだ花のところにはいない。つまり、あちらの礼と知とを捨てて、こちらの「道」を取るのである』

さて、ここに突如として「知」を排する文の出てくるのは、おそらくは孟子《もうし》のいう「四徳」（仁義礼知）をふまえてのことであろう。孟子は、道徳的判断力という意味で「知」を徳目に加えたが、今日一般に知育・徳育などというように、知は徳の一部というよりも、むしろ徳に対立する概念である。老子は、その意味で、仁・義・礼に知を加えなかったのであるが、ここで最後に礼と知とを並べ、儒教の徳目を総なめにした、というわけなのであろう。

第二章「道」に関する言葉

1　道の道とすべきは常の道に非《あら》ず（一章）

　この句の原文は、「道可レ道、非二常道一」である。「可道」の道を言の意に解して、「道の道《い》うべきは常《つね》の道に非《あら》ず」とする読み方もあるが、いずれにせよ、論旨に変わりはない。標題のように読めば、「世間でこれこそが理想とすべき道だとして唱えているような道は、恒久不変の道ではない」となり、後者で読めば、「言葉で説明できるような道は、恒久不変の道ではない」ということになろう。要するに、「道可道」とは世間一般にいう道、たとえば、儒家の仁義の道、先王の道の類《たぐい》であって、それは一党一派にしか通用しない道であり、時と所とを超えて通用する「常道」ではない、というのがこの句の意味である。

　老子は世間一般とは異なる独特の「道」を提唱する（序章二の4を参照）。これこそが「常道」だとする道である。それに先立って、まず冒頭に、「世間一般にいう道は常道ではない」と高らかに宣言したのがこの句である。

この句に始まる第一章は、天地万物を生み出す「道」の霊妙不可思議な営みを、賛嘆の意をこめて述べるものであって、とくにその結びである「玄の又《また》玄、衆妙《しゅうみょう》の門《もん》」の句は、こうした造化の神秘を示す言葉として知られている。『老子』の首章として、また、「道」を説く一章として重要であるが、しかし、文章はたいへん難しい。それだけに先人の解釈もさまざまである。それをいちいちあげることも煩《わずら》わしいので、ここでは私見を述べるにとどめる。できるだけ分かりやすく述べるつもりであるが、もともと論理的な文章ではなく、「道」の賛歌とでもいうべき感覚的文章となっているので、解説にも限界がある。要するに、万物を生み出す「道」の神秘な営みを説く文であり、「玄の又玄、衆妙の門」という末句が、その要旨であることを念頭においたうえで、とにかくその本文に当たってみることとしよう。

まず、全文を四段に分けて書き下し文を示し、次に拙訳を記して、解説を加えていく。

道の道とすべきは、常《つね》の道に非《あら》ず。名の名とすべきは、常の名に非ず。（一章—①）

『これこそが理想の道だと唱えているような道（すなわち、世間一般にいう道）は、恒久不変の道ではない。これが名だと示せるような名（すなわち、世間一般にいう名）は、恒久不変の名ではない』

初句についてはすでに述べたので、第二句についていう。ここに「名」とは、万物の各々《おのおの》がもつ名称のことであるが、さて、名とは、ある物を他の物と区別する必要から生ずる。つまり、名とは、他物との相対的関係においてつけられているのであり、したがって、名というものには、もともと絶対性がない。とくに善と悪、美と醜というように、価値判断を含むということになると、このことはまさに歴然としてくる（名声・名誉などという場合の「名」がそれである）。

「世間一般にいう名」とは、要するに以上のごとき名であって、それは相対的であり、有限のものである。さて、それならば、「恒久不変の名」（常名）とは何をいうのであろうか。

「道」はそのなかに天地万物を包容する唯一的存在である。したがって、この「道」に対しては名を付ける必要がない。というより、名の付けようがないのである。その意味で「道」は「無名」（名が無い）、ということになる。もっとも「道」には名がないといいながら、「道」という名のついていることは矛盾するが、老子は別に、それはやむを得ずしてつけた仮の名であることを釈明している（この点については一二一頁で論及する）。ものは名を付けられたときに、相対的有限の存在となる。それに対して「道」は、「無名」であるがゆえに、無限であり、絶対的である。かくてここに「常名」とは、「道」に対してつけられた「無名」という名にほかならないのである。

名無し、天地の始《はじめ》には。名有り、万物の母には。（一章―②）

『天地の始原〔である「道」〕に名はないが、万物の母〔である天地〕には名がある』

天地万物の始原について、一般には、天地未分の混沌《こんとん》とした状態から、まず天地（陰陽二気）が生じ、天地（陰陽）の交合調和によって万物が生ずる、とする。老子のいう「道」は天地未分の混沌に相当する面をもつが、さて、その天地未分の混沌にはまだ、名が無い、すなわち無名である。しかし、ここから天と地とが分かれたとき、この両者を区別するためにはじめて、名が生じた。また、天地未分の混沌には形が無い、すなわち無形である。しかし、天地には形がある。有形のものには名がある。「名無し、天地の始《はじめ》には。名有り、万物の母には」の句は、

道（無名）──→天地（有名）──→万物

という序列を想定するものである。なお、この間の論議は、実は次段を越して第四段へとつながってゆく。

故《ゆえ》に常《つね》に無欲にして、以《もっ》て其《そ》の妙を観《み》、常に有欲にして、以て其の徼《きょう》を観る。

（一章―③）

『それゆえ、恒久的に無欲である人（得道の人）は、（始原的な「道」の）微妙を観《み》ることができるが、恒久的に有欲である人（世俗の人）は、（現象的な万物の）末端を観るにとどまる』

「常無欲」の語は三十四章にも見え、そこでは、「道は万物を生み出す大功を立てながら、（誇ることもなく、そのことについて）一言も発しない、万物を養い育てながら主宰者然としない」と述べたあと、このような「道」のありさまを「常無欲」と称している。これから知られるように、「常無欲」とは「道」を体得した人の状態であり、「常有欲」とは世俗の人の状態である。

「妙」は「造化の妙」で、次の「徼」に対して始原的な「道」の世界をいう。「徼」は辺塞《へんさい》・境界を意味する字で、ここでは末端（現象世界）の意である。

此《こ》の両者は同出にして名異なる。同《どう》、之《これ》を玄《げん》と謂《い》う。玄の又《また》玄、衆妙《しゅうみょう》の門《もん》。（一章―④）

『〔「天地の始《はじめ》」と「万物の母」との〕両者は、同根、すなわち本来は一体のものでありながら、〔一方は「無名」、他方は「有名」というように〕名を異にしている。その両者が混然一体となって〔万物を生み出して〕いること、それを玄（不可思議）と呼ぶ。玄の上にも、さらに玄なるところ、そこに万物の生まれ出る「衆妙」の門（出口）がある』

第三段は解説的に挿入された文であるように思われる。したがって、第四段は、むしろ第二段につながるものとして解すべきであろう。ここでは、その立場で考えていく。

さて、第二段は、天地未分の混沌にも比すべき「道」（無名・無形）から、まず「天地」（有名・有形）が生じ、その「天地」から「万物」を生ずる、とする。「道」

↓天地↓万物、という順序である。しかし、「道」の役割は、天地を生んだことによって終わるものではない。万物は、天地（陰陽二気）の交合調和によって生ずるが、その交合調和をもたらすものは、やはり、「道」のはたらきなのである。その意味で、万物を生み出すものは、やはり、「道」のはたらきである、ということになる。つまり、万物は、無名の道と、有名の天地と、この両者の微妙なからみあいによって生ずる、ということになる。図示すると次のようである。

道（無名）
天地（有名）
→万物

上述したように、万物は天地（陰陽二気）の交合調和によって生ずるが、しかし、その交合調和をもたらすものは「道」である。というよりも、天地の交合調和すること、それ自体が「道」のはたらきにほかならない。その意味からすれば、「道」と「天地」とは一体であるべきはずである。ところが、「道」といえば「無名」であり、「天地」といえば「有名」となる。本来は一体であるべきものが観点の変わることによって、無名の「道」と呼ばれ、有名の「天地」と称される。

「此《こ》の両者は同出にして名異なる」とは、このように本来は一体であるべきものが、

いう観点からすれば「無名」となり、「万物の母」（天地）という観点からすれば「有名」となる、ということである。

次に「同、之《これ》を玄《げん》と謂《い》う」とある「同」とは、「無名」と「有名」との両者が一体であること、言い換えれば、有名であり有形である天地の奥に、無名であり無形である「道」が潜むことを「同」と称したのである。そして、それは人の感覚・知覚を超えた霊妙不可思議なさまであるとして、これを「玄」と称する。

要するに以上は、天地間に造化のエネルギーである「道」の内在することの神秘をいうものである。

なお、「玄」とは、多彩な色が重なることによって生ずる黒色のこと。ほの暗く幽《かす》かなさま。ぼんやりととらえどころのないものをいう。『老子』では、名状しがたい霊妙な「道」の状態や作用を示す言葉として多用され、玄徳・玄同・玄通・玄覧・玄《げん》牝《ぴん》の語が見える。

次に「衆妙」とは諸々《もろもろ》の神秘、すなわち万物が次々と生み出されていくこと。すでに「道」が天地間に内在することを「玄」と称したが、その「玄」の、さらに奥に潜む「玄」、「玄の又玄」なるところにこそ、次々と万物が生み出されていく「衆妙」の「門」（出口）がある、ということである。

「天地の始《はじめ》」（「道」）

かくて「玄の又玄、衆妙の門」の句は、次々と万物を生み出して疲れることを知らない「道」の、まことに霊妙不可思議なはたらきを、いくぶんか詩的な言葉で表現したものであり、「道」の造化の妙をたたえる句として知られている。すこぶる難解な第一章であるが、この句で結ばれていることからも知られるように、全体として、天地万物の根原である「道」が万物を生み出していく、造化の功を叙するものといえよう。

なお、もう一つ注意しておきたいのは、ここにいわゆる「道」の語がまったく見えないことである。筆者の通解や解説では、便宜上使用したが、いずれも本文の語ではない。冒頭に「道の道とすべきは、常《つね》の道に非《あら》ず」と述べたあと、さて、それならば「常道」とは何かということで、以下の文が続くわけであるが、しかし、その文中に「道」の語はない。端的に概念規定を示すということではなく、むしろまったく別のことを述べながら、結局は「道」の造化の妙をたたえる文となっている。

上述したように、「道」は本来名づけようのない存在である。老子にとって「道」とは、やむを得ずしてつけた仮の名である。「道」の語を使用しないで「道」の功を叙するという苦心の跡が、ここに示されているのである。

2　谷神《こくしん》は死せず（六章）

「道」という言葉は出てこないが、前項と同じく、「道」の神秘な営みを賛嘆する文である。「谷神」とは、谷間の奥底で行われている、神秘的な営みのこと。具体的にいえば、造化の営まれる場所を谷間にたとえ（女性の生殖器からの連想）、その営みが永遠に続くさまを「不死」と称したのである。道家思想の神秘的側面を示す言葉として、人の称号・書名などに多用されている。

谷神《こくしん》は死せず、是《これ》を玄牝《げんぴん》と謂《い》う。玄牝の門、是を天地の根《こん》と謂う。綿々《めんめん》として存するが若《ごと》く、之を用うれども勤《つか》れず。（六章）

『谷間の奥底でなされる神秘な営みは永遠であって、これを玄牝――霊妙不可思議な牝《めす》のはたらきという。この霊妙不可思議な牝のはたらきの発する出口、これを天地の根（生殖器）という。そのはたらきは綿々として有るか無きかに続くだけであるが、しかしいくら使っても疲れることを知らない』

「牝」とは、ここでは造化の営みを女性の生殖作用にたとえていう言葉。「玄」はその神秘なさまの形容。「玄牝の門」は、第一章にいう「衆妙の門」と同義。「天地の根」とある「根」は、男根・女根という場合の根。「綿々」は細く長く続くさま。「勤」は疲労の意。一説に尽（つきる）。

◉王弼《おうひつ》注と河上公《かじょうこう》注

「谷神」の読み方には異説が多い。ここでは、ほぼ王弼注に従って解したが、次に主な異説をあげておこう。

「谷」は本義としてのタニではない。音通で「穀」のこと（谷はコクとも読む）であり、穀には「養」の意味がある。「谷神」とは「養いの神」ということで、つまり万物を生み養う「道」のことだとする説。この場合、「谷神不死」は「道は永遠である」ということであって、結論的には王弼注と大差はないことになろう。

ところが、王弼注と並称される河上公注になると、まったく別個の見解が示される。ちなみに河上公注は、『老子』は不老長生の術を説く書であるとする立場から『老子』に注するものである。同注も「谷」を養の意とするものであるが、まず「谷神不死」を「神を谷《やしな》えば死せず」と読む。そして、次にその「神」とは、五臓の神であるという。河上公注によれば、人の五臓には、それぞれ神が内在しており、人の生命を司っている。ところが、五臓が損傷すると神はその居所を失って身体を去ることとなり、かくて人は死ぬ。そうならぬよう神の健在に努めること、それが「神を谷《やしな》えば死せず」だというのである。

ついでにいい添えておこう。河上公注は、第一章冒頭の「道可道」を「経術政教之道」とするが、これは儒家の五経を根拠とする政治・道徳の学を想定するものである。そして、それは常道ではないと断じたうえで、「常道」とは「無為養神、無事安民之道」であるという。無為を持して神を養うこと、無事を旨として民を安んずることだというのである。河上公注は、『老子』を、とくに天子に対する教訓書であるとも考えており、「無事安民」の句が並記されているのは、その意味である。

3　天地に先立ちて生ず（二十五章）

「道」は日々夜々に万物を生み出しており、その営みは、造化のエネルギーとでも称すべきものである。ところで、このエネルギーは、まだ、天も地もなかったときにすでに存在していた。実は、天地さえもこのエネルギーによって生み出されたものなのである。「道」の偉大なる営みを、こうした観点を含めて述べるのが、次の二十五章である。

物有り混成し、天地に先立ちて生ず。寂《せき》たり寥《りょう》たり、独立して改めず、周行《しゅうこう》して殆《つか》れず。以《もっ》て天下の母と為《な》すべし。（二十五章―①）

『混沌《こんとん》たる状態を成すあるものがあり、それは天も地もなかったとき、すでに生じていた。そのはたらきは音もなく目にもとまらないが、独自の運動を一定のペースで営んでおり、宇宙間をあまねくめぐり歩くが疲れることを知らない。そのありさまは、まさしく天下の万物を生み出す母といえよう』という意味である。

上文は、天地万物の始原としての「道」の姿を、あれこれと模索する趣旨の文であるが、しかし、ここに「道」の文字は出てこない。

「混成し」「天地に先立ちて生ず」とされる「あるもの」は、天地未分の混沌を想起させる。ところが天地未分の混沌は、たとえば『古事記』では「くらげのように漂っている」、『日本書紀』神代巻では「鶏卵の中身のようだ」とあるように、有形の一物である。造化のエネルギーであり、無形のはたらきである「道」をいう句としてはふさわしくない気もするが、ここは混沌説話を借りて俗耳に入りやすくしたのであろう。「寂《せき》」はひっそりと静まりかえったことであるが、ここでは音のないさま。「寥《りょう》」は形のかすかなことであるが、ここでは目に見えないさま。無声・無形と並べて「道」を想起させる。「独立して改めず」とは、恒久不変の営みを続ける「道」を暗示し、次の「周行《しゅうこう》して殆《つか》れず」は、「道」のはたらきがあまねく行き渡ること、しかも、一時とてやむことのないさまを思わせる句である。「天下の母」は、いうまでもなく、万物を生み出す母親ということ。ここまでくれば、「あるもの」が「道」であることはほとんど自明である。

吾《わ》れ其《そ》の名を知らず。之《これ》に字《あざな》して道と曰《い》い、強《し》いて之が名を為《な》して大と曰う。

(二十五章—②)

『私はそのものの名を知らない。かりに字《な》づけて道と呼び、強いて名(形容詞)をひねり出して大としておこう』

前段を受けて、これこそが「道」だと断定してよいのであるが、老子はあえてそれを避ける。字《あざな》とは、生まれた時からもつ実名とは別に、成長した後につける名。ここでは実名である「名」に対して、第二次的な「名」ということで、仮の名の意となる。前項で述べたように、「道」は本来名づけようもない存在である。そもそも老子は、無限の存在であるべき「道」に、名や形容詞をつけることによって、有限のものとなることを懸念していた。しかし、「混成せるあるもの」に対して、何らかの名をつけなければ論議の進めようがない。「之《これ》に字《あざな》して」「強《し》いて之が名を為《な》して」とは、こうしたニュアンスを言外に含んでいるのである。

大を逝《せい》と曰《い》い、逝を遠《えん》と曰い、遠を反と曰う。故《ゆえ》に道は大なり、天は大なり、地は大なり、王も亦《ま》た大なり。
域中に四《し》大《だい》有り、而《しか》して王は其《そ》の一《いつ》に居《お》る。人は地に法《のっと》り、地は天に法り、天は道に法り、道は自然に法る。（二十五章―③）

前文において「道」の形容詞は「大」であると説かれていた。ここに「大」とは、「小」に対する「大」ではなく、大小を超越する「大」であって、だからこそ「道」の形容詞とされる。「大を逝《せい》と曰《い》い」以下の三句は、それを受けて「道」の大であるゆえんを述べ、「故《ゆえ》に道は大なり」に接続することとなる。難解の文であるが、通解すると次のようになる。

『大とははるかに逝《ゆ》くことであり、はるかに逝くとは、はてしなく遠ざかることであり、はてしなく遠ざかるとは、もとの原点に立ち返ることである。「道」の運動は、このように無限の広がりを示しながら、また、もとの原点に返ってくるのであって、さればこそ道は大なのである』

ここに「逝」とは遠方に赴《おもむ》くことであり、「遠」とは原点から遠ざかった状態である。次にその「遠」が「反」であるとするのは、老子に独特の論理であって、つまり、遠ざかるようでありながら立ち返っている、ということは、「道」の営みが無限の広がりをもつとともに、同時に循環するものであることを説いている。たとえば、四季は春↓夏↓秋↓冬というように、春を起点として次第に遠ざかるようであるが、冬の次には春に戻る。「道」の営みに循環性を見いだすのは、四季にかぎらず、自然界の現象のすべてが、一定の秩序のもとに循環をくり返すものであることによるのである。「反」を復帰と称するが、さて、「逝」「遠」という無限の広がりと、「反」という循環の営みとは一見矛盾するようであるが、老子は、むしろそこに「道」の恒久不変性を見いだしているのである。

ところで、「道」を「大」とすることから、論旨は別の方向に進み、ここに有名な

「四大」の説が展開する。

『それゆえ道は大である。〔しかし、大なるものといえば、〕天も大であり、地も大であり、さらに王もまた大である。天地間には四つの大なるもの、すなわち「四大」があるが、王はその一に居《お》るのだ』という説である。

天地に先立ってすでに生じていたという始原的な「道」の姿を模索し、次に「道」の偉大なるはたらきを述べてきた二十五章の文は、ここで、突如として「四大」の論となる。ここに「四大」といっても、天・地の営みは、実質的には「道」の営みに包含される。したがって、「四大」の提唱は、「道」と並ぶ「王」の大を説くことに主意がある。

老子の「道」は、同時に人の道である。とくに帝王の天下統治の道である。老子において「得道の聖人」とは、天下を一統し、また、統治する「聖王」のことである。したがって、「王」とは「道」を体現する人であり、その意味で、「王」は「道」と並んで「大」でなければならない。「四大」とは、こうした要請を含む言葉である。

しかし、同じ「大」であっても、「四大」にはやはり序列がある。最高の「道」から、天・地・王と下降するのである。末句に「人は地に法《のっと》り、地は天に法り、天は道に法り、道は自然に法る」とあるのは、人（王）↓地↓天↓道というように、下のものが、順次に上に法るべきことを説くものであるが、要は、王を含む人が「道」に法るべきことをいうのである。なお、「道は自然に法る」とあるのは、「道」が「おのずからしかる」はたらきであることを重ねて強調したものであって、両者の上下をいうものではない。上句とのつながりから、このように記したまでのことである。

以上、述べてきたように、二十五章の文は論旨の展開がめまぐるしい。それだけに少しく難解であるが、要するに、まず、「道」の始原的性格を述べることに始まり、次に「道」の恒久不変な営みと、その営みの無限大であることをいい、次に「四大」の説をあげて、人の世界における「王」を「道」と同格に並べるとともに、されぱこそ王者は「道」に従うべきである、と説いているのである。

なお、「四大」という言葉は、一般的にはインドの思想・仏教で地・水・火・風を「四大」と称することによって有名である。六十七章に「三宝《さんぼう》」という言葉が見えるが（二六五頁参照）、中国の仏教界にこうした訳語が定着するについては、あるいは『老子』からする影響があったのではないだろうか。一考を要する問題であろう。

さて、「道」の始原性を示す句としては、四章に「帝《てい》の先《せん》に象《に》たり」とあることにも注意しておきたい。

この句の意味は、「道は天帝の祖先であるように思われる」ということ。ちなみに、古く中国には天地万物の主宰者としての「天」に対する信仰があり、時にはその「天」を擬人化して「天帝」「上帝」と称する。ここにいう「帝」は、その天帝・上帝のことである。世間一般からいえば、天帝は天地万物の主宰者であり、造物主であるとされる。この句は、その天帝でさえも、「道」から見ればその子孫にすぎない、というのであって、つまり、「道」の始原的性格を象徴的に述べるものである。

この句を結文とする四章は、「道」の無限のはたらきを述べる文として知られる。次にその書き下し文を記してみよう。

道は沖《むな》しけれども之《これ》を用いて或《つね》に盈《み》たず、淵《えん》として万物の宗《そう》に似たり。（中略）湛《たん》として或《つね》に存するに似たり。吾《わ》れ誰《たれ》の子なるかを知らず。帝の先《せん》に象《に》たり。

（四章）

『道はからっぽのように見えながら、そのはたらきは無限である。深々と水をたたえた淵《ふち》のようにひっそりと静まりかえったさまは、あたかもその奥底から万物の生み出される大本であるように思われる。……満々とたたえた水が涸《か》れることを知らないように、永遠に存在し続けていくように思われる。私は、このような道が何ものの子であるか知らないが、どうやら天帝の祖先であるらしい』

「沖」は「虚」と同義であって、道家では、この二字を連ねて「沖虚《ちゅうきょ》」という熟字が作られている。『老子（道徳真経）』『荘子（南華《なんげ》真経）』と並んで、道家の三大経典に数えられる『列子《れっし》』のことを『沖虚真経』と呼ぶのは、その好例である。

「道は沖《むな》しけれども之《これ》を用いて或《つね》に盈《み》たず」の句は、どうもわかりにくい。「道」を、水を入れる容器にたとえたうえで、そこにいくら水を注いでも永遠にいっぱいになることはないとし、「道」の無限の包容性を説く趣旨であることは確かであるが、しかしその場合、冒頭の「沖しけれど」という句とつながらないのである。注意したいのは、四十五章に、「大盈《たいえい》は沖《むな》しきが若《ごと》くして、其《そ》の用窮《きわ》まらず」と見えること。これよりすると、ここに「沖《むな》しい」とあるのは、世俗からすれば沖しいように見える「大《たい》盈《えい》」のことなのであって、つまり「大盈」である「道」という容器は無限の包容性をもつ、したがって、いくら水を入れても永遠にあふれ出ることがない、という意味なのである。

少しくわかりにくい点のあることは遺憾であるが、短い文章のなかに、「道」の無限性・永遠性・始原性を織りこんだ名文といってよいであろう。

4　之を視《み》れども見えず、聴けども聞こえず（十四章）

「道」のはたらきは、目にも止まらず、耳にも聞こえない。吾人の知覚・感覚によってとらえることは不可能である。しかし、万物を次々と生み出し、養い育てるという、その功業だけはまさに歴然としている。とすれば、そのはたらきは確かに「ある」にちがいない。「ある」とすれば、やはりなんらかの形状をもつはずであろう。ところがその形状は、これを耳目《じもく》によってとらえることはできない。とすれば、「道」の形状は、形状のない形状、「無状の状」とでもいうほかはないであろう。また、それは、「有り」といえば有り、「無し」といえば無い。有るか無きかの茫然《ぼうぜん》として定かならざる存在である。その点からすれば「恍惚《こうこつ》」とでも称すべきであろう。

老子は、こうした語句を駆使して、言葉では説明しようのない「道」のありさまを叙述する。次に記す十四章と二十一章がそれである。

之《これ》を視《み》れども見えず、名づけて微《び》と曰《い》う。
之を聴けども聞こえず、名づけて希《き》と曰う。

之を搏《とら》うれども得ず、名づけて夷《い》と曰う。

此《こ》の三者は詰《きつ》を致すべからず。故《ゆえ》に混じて一と為《な》す。（十四章―①）

『（その正体を見極めようとして）じっと見つめるのだが見えてこない。そこで、「微《び》」（目に見えないもの）と規定してみた。

じっと耳を傾けるのだが聞こえてこない。そこで「希《き》」（音のないもの）と規定してみた。

なんとか捉《とら》えようとするのだが手ごたえがない。そこで、「夷《い》」（真っ平らで手がかりのないさま）と規定してみた。

しかし、以上の三つの規定では、（そのいずれを取っても）正体を突き止めたことにならない。つまり、微・希・夷の三者が混然と一体をなすもの（それが「道」）なのだ』

「微・希・夷」を、通行本はことごとく「夷・希・微」に作るが、最古の写本である「帛書《はくしょ》」では、「夷」と「微」とが入れ替わっている。「微」はもともと目にも止まらぬ極小のさまをいい、視覚に関する言葉である。一方、「夷」は、真っ平《たい》らで凹凸《おうとつ》のないさまを示すことから、むしろ手がかりのないさまをいう第三条にあてたほうが理解しやすい。そこで、本書では、「帛書」によって通行本を改めた。

上文は、「道」が吾人の視覚・聴覚・触覚のすべてを超えた存在であることを説くものである。しかし、ここに「道」の語はまったく見えない。老子によれば、名づけられたものは有限の一物である。無限の存在である「道」は、本来からいうと名づけようのないものであった。前項で述べたように、「道」という名は、説明の便宜上やむを得ずしてつけたものである。あえて「道」の語を出さずに、むしろ「道」の属性とおぼしきものを列挙して、それによって「道」の姿を彷彿《ほうふつ》させようというのが、その狙《ねら》いである。

其《そ》の上皦《あきら》かならず、其の下昧《くら》からず。縄々《じようじよう》として名づくべからず。無物に復帰す。是《これ》を無状の状、無象《むしよう》の象《しよう》と謂《い》う。是を恍惚《こうこつ》と謂う。（十四章―②）

『〔「道」は〕その上だからとて明るいわけではなく、下だからとて暗いわけではない。とりとめもなく野放図で規定のしようもない。とどのつまりは「無物」（人の知覚・感覚を超えた存在）ということに帰着する。これを「無状の状」（形なき形）、「無象《むしよう》の象《しよう》」（姿なき姿）という。また、これを「恍惚《こうこつ》」（ぼんやりと定かでないもの）というのだ』

ここでも「道」の語は出てこない。しかし老子は、前段の叙述によって読者はおぼろげに「道」の正体をつかみ得たと考えている。そして、その前提に立って、「道」のありさまを述べるのが後段である。とはいえ、それは結局、人の言葉でどうにも説明しようのないものであった。「無状の状」「無象の象」「恍惚」という類《たぐい》の語句によって、表現する以外には示しようのない存在、それが「道」だというのである。

なお、「無象の象」は、通行本では「無物の象」であるが、一本により改めた。「無状の状」に対応する点で勝《まさ》ると思われるからである。

ついでに言い添えるが、当今しきりに用いられる「恍惚」という言葉は、老子が「道」のありさまを述べるに用いたことが始まりである。また、最近でも「声なき声」というような言い方をするが、「無状の状」「無象の象」は、こうした言い方の元祖となるものである。

さて、次には二十一章の文をあげてみよう。

孔徳《こうとく》の容《すがた》は、惟《た》だ道に是《こ》れ従う。

道の物為《た》る、惟だ恍《こう》、惟だ惚《こつ》。
惚たり恍たり、其《そ》の中《うち》に象有り。
恍たり惚たり、其の中に物有り。
窈《よう》たり冥《めい》たり、其の中に精有り。
其の精甚だ真なり、其の中に信有り。（二十一章）

『大徳の人のありさまは、ひたすら「道」に従うことで示される。
ところで、「道」という存在は、まことに恍惚としてとらえどころがない。
しかし、その恍惚たる中《うち》にも、何やら「象《かたち》」がある。
恍惚たる中にも何やら「物」（実体）がある。
窈冥《ようめい》（奥深くかすかなさま）たる中にも、何やら「精」（はたらき）がある。
そのはたらき（精）は、まことに純粋（真）であり、その中に確実なもの（信）が
ある』

「象」はかたちのことであるが、それは実物に似せたかたちというニュアンスを含む。それだけに実質とは距離があるということになろう。物に似せて作った文字を

「象形文字」と称するのは、その好例である。ここでは、それとおぼしき輪郭という程度の意味である。

次に「物」がくるのは、はじめはかすかに輪郭だけ見えていた「道」が、しだいに実体まで見えるようになってきたことを示す。ここに「見える」と言ったが、もちろんそれは心に見えるということである。したがって、それを言葉で示すとすれば、やはり「無状の状」「無象の象」という表現をとらざるを得ない、その意味での象であり、物である。

十四章が感覚的に「道」をとらえようとする趣旨であったのに対して、二十一章は、冥想的に思念することによって、「道」を探求する形の記述である。「象」「物」「精」と続く順序は、「道」のありさまを思念して、外側からしだいに核心に迫るさまを示しているのであろう。

ところで、「道」の核心である「精」とは、「道」の霊妙なはたらきをいう。万物を生み、養い育て、また、天地間に秩序をもたらす、そのはたらきである。「精」の語義はきわめて多面的であるが、この場合、生命力・活力・エネルギーというようなニュアンスであって、造化を促す精気とでもいうことになろう。「真」とは純粋無垢で、うそいつわりのないこと、「信」は盟約のしるしのことで、ここでは、この上なく確実なさまを示す。造化のエネルギーである「道」は、これを思念してみてもやはり、恍惚としてとらえどころがないが、しかし、その「精」、すなわちはたらきだけは、「真」であり、「信」である。終わりの一句は、このことを力説するものである。

5　万物を衣養《いよう》して主と為らず（三十四章）

「道」は日々夜々に万物を生み出している。しかも生みっぱなしではなく、養い育てて、それぞれの所を得させる。このように「道」は造化の大功を成し遂げているのであるが、しかし、その功績を誇るでもなく、養い育てた万物に対して、主宰者然と振舞うこともない。意志をもたない「道」は、自然のままの営みとして、それを淡々と営んでいるだけのことなのである。

『老子』には、こうした趣旨の文が頻出しているが、まず、標題の句を含む三十四章の文について、述べることとしよう。

大道は氾《はん》として其《そ》れ左右すべし。万物は之《これ》を恃《たの》みとして生ずれども、而《しか》も辞《ことば》あらず。功成れども名有せず。万物を衣養《いよう》して主と為《な》らず。（三十四章―①）

『偉大なる「道」は、氾濫《はんらん》する水のように、左にも右にも自在に広がっていく。万物はこれを頼りとして生ずるのだが、〔そのことについて「道」は〕一言も発しない。〔「道」は造化の〕大功を成し遂げるのだが、功名を己《おのれ》のものとはしない。万物を養い育てるが支配者とはならない』

前段の大意は以上のようである。後段は、以上の論旨を受けて、このような「道」のあり方を「常《つね》に無欲」と規定することから始まる。

常《つね》に無欲にして小と名づくべし。万物焉《これ》に帰して、而《しか》も主と為《な》らず。名づけて大と為すべし。其《そ》の終《つい》に自《みずか》ら大と為《な》さざるを以《もっ》て、故《ゆえ》に能《よ》く其の大を成す。(三十四章―②)

『このように「道」はつねに無欲であって、その点では小と称すべきである。〔しかし、それだからこそ〕万物は「道」に帰服するのだが、〔それでも「道」は〕支配者になろうとしない。その点では大と称すべきである。しかし「道」はあくまでも己を大とすることがない。だからこそ、大を成し遂げることができるのである』

後段の論旨にはかなりの屈折があり、複雑であるが、「道」の無欲のさまを「小」と称したのは、次に「道」の「大」を説く論旨を際立たせるための伏線であると思われるので、通解もこれによって施してある。「其《そ》の終《つい》に自《みずか》ら大と為《な》さざるを以《もっ》て、故《ゆえ》に能《よ》く其の大を成す」とある場合、上の「大」は世俗にいう大であり、下の「大」は「道」の世界でのまことの大である。「無為にして、而《しか》も為《な》さざるは無し」とは、「無為であることによってまことの大為を得る」ということである（一三〇頁参照）。「己を大としない」ということは、「無為」の応用であり、その結果としてもたらされる「大を為す」ということは「大為」にほかならない。

次に記す五十一章も、また同旨の文である。

道、之《これ》を生じ、徳、之を畜《やしな》う。之を長じ之を育て、之を亭《さだ》め之を毒《あつ》くし、之を養い之を覆う。生じて有せず、為《な》して恃《たの》まず、長じて宰《さい》せず、之を玄徳と謂《い》う。
（五十一章）

『老子』における「徳」は、「道」が人の身についた状態をいうのが通例であるが、ここでは、「道」の営みのなかでも、とくに養育に相当するはたらきを抽出して「徳」と称している。しかし、一般的にいえば養育も「道」のはたらきとされており、したがって「徳、之を畜《やしな》う」を「道、之を養う」といっても、実質的には同じことである。なお、「亭」「毒」の二字には諸説あるが、これを「成」「熟」に作るテキストも多いので、いまはその意味に解しておく。通解すると、次のようになる。

『道がそれを生み出し、徳がそれを養い、成長させ、成熟させ、養護する。〔しかし、道は〕万物を生み出しても己《おのれ》の所有とはしない。成し遂げてもそれを誇りとはしない。成長させてもその支配者とはならない。これを「玄徳」(言葉では説明できない霊妙な徳)というのだ』

さて、三十四章・五十一章の大旨は以上のごとくであるとして、留意されることは、「道」を讃美する趣意の文と重複、もしくは類似する文が、次のように聖人のありさまを述べる文としても見える事実である。

是《ここ》を以《もつ》て聖人は、……万物焉《ここ》に作《おこ》れども、而《しか》も辞《ことば》あらず。生じて有《たも》たず、為《な》して

恃《たの》まず。功成りて居《お》らず、夫《そ》れ唯《た》だ居らず。是《これ》を以《もっ》て去らず。（二章）

之《これ》を生じ之を畜《やしな》い、生じて有《たも》たず、為《な》して恃《たの》まず、長じて宰《さい》せず。是《これ》を玄徳と謂《い》う。（十章）

是《ここ》を以て聖人は、為して恃《たの》まず、功成りて処《お》らず。（七十七章）

以上のうち、十章には聖人の語が見えないが、上記に先行する文が聖人の心構えを列挙するものであることから推して、これも聖人のありさまを説くものと解される。要するに「道」を身に体した聖人（聖王）のありさまは、まさに「道」そのままなのである。三十四章・五十一章にいう「道」のあり方についての論は、そのまま世の為政者に対する教訓として、適用される。為政者が欲を捨て、謙遜《けんそん》に徹することによって、かえって人民の帰服を得る、とする教訓である。老子の「道」が、同時に人の道であるゆえんは、何よりもこの点にあるのである。

6　道は常に無為にして、而《しか》も為《な》さざるは無し。侯王若《も》し能《よ》く之を守らば……（三十七章）

『老子』にいう「無為」とは、何もしないことではない。「無作為」、つまりことさらなことをしない、ということであって、別言すれば、「あるがまま」「自然のまま」ということである。「道」は日々に万物を生み養い、それぞれに所を得させているが、それは格別に意志があってのことではなく、自然のままの営みを淡々と続けているだけのことである。「道は無為」とは、このようなありさまをいう。

一方、「為さざるは無し」とは、「為さぬこととて無い」、つまり「何事も成し遂げる」ということ。いうまでもなく造化の大功を成し遂げているさまである。「無為にして、而《しか》も為《な》さざるは無し」の句は、「道」のあり方を端的に示す言葉であるが、この一句を介して「道」は、人の踏み行うべき道の意ともなる。この点に留意して、三十七章の文を味わってみよう。

道は常《つね》に無為にして、而《しか》も為《な》さざるは無し。侯王若《も》し能《よ》く之《これ》を守らば、万物将《まさ》

に自《おのずか》ら化せんとす。（三十七章―①）

『「道」のはたらきは常に無作為であるが、それでいて万事を為しとげる。もし世の諸侯諸王が、「道」のあり方をしかと身に体してことさらなことをしなければ、万物（万民）は放っておいても服従してくるであろう』

ここに「万物」とは、人をも含む万物である。「道」から見れば人もまた万物の一つなのである。上文は、まず、「道」が「無為にして、而《しか》も為《な》さざるは無」き存在であることを述べ、次に侯王がその「道」を模範として無為を守れば、万民はおのずからその徳に化するであろう、と説く。天地造化の「道」のあり方は、このようにまた侯王の治政の道でもあって、一方、「万民がおのずと帰服する」ということは、侯王における「為さざるは無し」に相当する、つまり天下に王たるの途《みち》だ、ということである。

化して欲作《おこ》れば、吾《われ》は将《まさ》に之《これ》を鎮《しず》むるに無名の樸《ぼく》を以《もっ》てせんとす。無名の樸は、夫《そ》れ亦《ま》た将に無欲ならしめんとす。欲《ほっ》せずして以て静なれば、天下は将に自《おのずか》ら定まらんとす。（三十七章―②）

『いったんは無知無欲の治に服従しながら、再び欲望を起こす者が出てくれば、私はそれを無名の樸《ぼく》〔に象徴される無欲の教え〕によって鎮めようと思う。無名の樸のあり方こそは、世の人を無欲に導くものである。人々が欲望を去り心静かであれば、天下はおのずからに定まることであろう』

後段に、いったんは帰服しながら、また欲に走る民の起こる状況を想定するのは、やはり現実政治の場を考慮してのことであろうが、その措置が無名の樸による鎮圧というのでは、どうもわかりにくい。通解では、樸に象徴される無欲の教えの意と解した。なお「樸」とは伐採されたばかりで用途の定まらない材木。「無名」とは、用途の定まらない状態をいうが、ここでは質朴のゆえに無欲の象徴とされたのであろう。「無為にして、而も為さざるは無し」という「道」の要諦は、そのまま人間いかに生くべきかという道に転化する。一般の人にとっては、せいぜい乱世を無事に生きるための道といったささやかな願望の成就であるが、諸侯たちにとっては、天下を統一し統治する方途である。

前半と後半で論旨を異にするのは、前半は理念を述べる文、後半はいくぶんか現実政治の場を想定する文となっているのである。

ところで、以上と同じく諸侯に対する教訓を二段階に分けて論ずる文が三十二章に見える。続いて略説しておこう。

道の常は名無し。樸《ぼく》は小なりと雖《いえど》も、天下能《よ》く臣とする莫《な》し。侯王若《も》し能く之《これ》を守れば、万物は将《まさ》に自《おのずか》ら賓《ひん》せんとす。天地相合して、以《もっ》て甘露《かんろ》を降し、民は之に令する莫《な》くして自ら均《ひと》し。（三十二章—①）

『「道」の本来は無名であるが、〔「道」の象徴ともいうべき無名の〕樸《ぼく》は、たとえ小さくても、天下に臣（道具）として使う人はいない。諸侯諸王が、樸の道を守って〔特定の臣など置くことなく、民を無差別に扱い、天下をあるがままに包容して〕いれば、万民はおのずからに服従することであろう。また、天と地とは和合して甘露（太平の世をめでて天の下す瑞祥《ずいしょう》）を降らせ、人民はことさら命令せずとも、おのずから治まっていくことであろう』

道を無名と規定することは四〇頁、一〇一頁を参照。ここではとくに原始の純朴なさまをいう。

「樸」は上述したように、伐採されたままで用途（名）の定まっていない材木であって、したがって人の使用に供されることがない。「天下能く臣とする莫し」とは、そのさまをいうとともに、この上なく尊貴であるさまをいう。「万物」は万民の意。老子は人も物の一つと考えていた。「賓」は、ここでは君主に対して臣従《しんじゆう》する意。

始めて制して名有り。名亦《ま》た既に有れば、夫《そ》れ亦た将《まさ》に止《とど》まることを知らんとす。止ることを知るは殆《あや》うからざる所以《ゆえん》なり。道の天下に在るを譬《たと》うれば、猶《な》お川谷《せんこく》の江海に於けるがごとし。（三十二章―②）

『無名の樸が裁断されると（混然一体の中に統治機構が作られると）、そこで初めて用途に応じた名がつけられる（各種の官職が設けられ、人材の適不適が論ぜられるようになる）。すでに名（官職や能力別）が生じたとなれば、（その名が野放図に拡散することのないよう）とめどを知らなければならない。とめどを知れば、それによって危難を免れることもできるのだ。「道」（を体する君主）が、この世界に臨むありさまは、たとえていえば、あたかも谷川の水流が集まって、おのずからに大河や海となるようなものである』

「制」は切断の意。無名の樸が切断されると、それぞれ建築資材・細工物の材料というように用途（名）が定まる。同じように、無差別に扱っていた臣下の間に、能力に応じた官職（名）の定まることをいう。

「川谷」の「谷」は山間を流れる川。二字合わせて小川のこと。「江」は一般には長江（揚子江）を指すが、ここでは大河のこと。川谷を民に、江海を君主にたとえる。

前段は、臣と民との別さえなく、万民はあるがままに放置されているが、その中におのずからなる秩序が保たれているさまであり、後段は、無名素樸の中にもしだいに政治機構ができはじめ、そこに名が生ずることとなるが、しかし、その名の拡散し増加することは極力抑止すべきであるとする。やや現実的な政治の問題として、極力政治の簡素化をはかるべきことをいうのであろう。

7　有の以て利を為すは、無の以て用を為せばなり（十一章）

老子の「道」は、上述してきたように、無名・無為・無象・無物などと説明される。また、「道」に基づく人の行為は、無事・無欲・無私であることが要請されている。

老子の思想は、しばしば「無の哲学」と称されるが、しかし、実際には、いわゆる「無」そのものを追究する論は見えない。そもそも老子の「道」は、目に見えないという意味で無形であり、名づけようがないという意味で無名と称されるが、けっして「無」そのものではない。老子は、時に有と無とを対照的に説くが、その場合の「無」は、「有ることが無い」という意味であって、要するに上述したさまざまな意味における「有」の否定の総和としての「無」である、といってよいであろう。

標題の句は、有形のものがそれぞれに所を得て機能を発揮できるのは、実はその根底に何もない空間があるからだ、たとえば、茶碗（有）が茶碗として役立つのは、そのなかが空虚《からっぽ》（無）であるからだ、ということである。「有」の根底に「無」（無有）のあることをいう句として知られており、同時に「道」の思想を側面的に支える役割を果たしている。

標題の句は十一章の結文であるが、これにいたる導入の文もまた、有名であるので、次に全文をあげて解説してみよう。

三十輻《ぷく》、一轂《こく》を共にす。其《そ》の無に当たりて車の用あり。
埴《しょく》（粘土）を挻《こ》ねて以《もっ》て器《うつわ》を為《つく》る。其の無に当たりて器の用あり。
戸《こ》牖《ゆう》を鑿《うが》ちて以て室《いえ》を為る。その無に当たりて室の用あり。
故《ゆえ》に有の以て利を為《な》すは、無の以て用を為せばなり。（十一章）

「三十輻《ふく》」とは、車の外輪から中心部に向かう三十本の矢（輻）のこと。「轂《こく》」（こしき）は中心部の称。そこに車軸を通して車を回転させる。

「三十輻、一轂を共にす」とは、まず、三十本の矢（輻）が中心の一轂に集まっているさまで、ここまでは車輪の外形を説き示す句であるが、さて、次にいう「無」とは、車軸を通すために「轂」の中心にあけられた孔《あな》をいう。つまり、外輪・車輻・轂の三者によって車輪の形体は整うわけであるが、しかし、轂に孔があいていなかったら、車軸を通して車を回転させることはできない。してみると、轂中の孔（空間）あってこそ、有形の車は車として役立つ、というのである。

次の二句は解説するまでもないであろう。前句は、粘土をこねて飲食の器《うつわ》を作るが、さて、その器は、なかが空虚《からっぽ》であればこそ器物としての役割を果たすことができるということ。後句は、戸や窓を開けて家をつくるが、さて、その家は、なかが空虚であればこそ人が居住できる、ということである。

車輪、飲食の器、人の居住する家、三者はすべて有形の物である。しかし、この有形の物がその機能を果たすことのできるのは、いずれも空虚の部分のはたらきに支えられている。「有の以《もっ》て利を為《な》すは、無の以て用を為せばなり」とは、このような意味で、十一章の結句となっているのである。

◉「三十輻《ぷく》、一轂《こく》を共にす」の句について、もう少し述べておこう。さて、三十本の輻《や》をもつ車輪は相当な大きさであって、これは天子の乗る馬車の車輪である。これを三十本と定めたのは、旧暦で一ヵ月が三十日であることにちなむものであるという（『周礼《しゅらい》』考工記）。この点はともかくとして、ここに一言しておきたいのは、「輻湊《ふくそう》」という言葉についてである。

「湊」とは「あつまる」ということ。「輻湊」とは「輻が一轂にあつまる」という意味であるが、多数のものが一点に集中するさまをいうことから、転じて現今では、繁華街に車や人が雑踏するさまをいう言葉となっている。しかしこの言葉は、古い用例からすると、諸侯や群臣が一天子のもとに参集するさまである。即物的にいえば、諸侯・群臣の馬車が宮中に集まって雑踏するさまであり、天子の権勢のほどを示す意味である。一方、もう少し形而上《けいじじょう》的に考えると、「轂」の中心部に相当する天子の心構えを説くものともなる。つまり、轂の中心が空虚であるように、天子は己《おのれ》を虚しくし、無為を持する。そして、そのようであれば、天下の諸侯・群臣はおのずからにして天子に帰服する、というのである。この句は、このようにさまざまな意味をもつ

「輻湊」の語源ともなるものであった。

なお、「有」と「無」とを対照的に述べるものとしては、別に、

天下の万物は有に生じ、有は無に生ず。（四十章）

と見える句が注意される。ここに「無」とは「道」をさし、万物と「道」とのあいだに介在する「有」とは、天地をいうらしい。第一章に「名無し、天地の始《はじめ》には。名有り、万物の母には」とあり、天地の始原である「道」は無名であるが、万物を生み出す母としての「天地」は有名である、とされている。ここに、道↓天地↓万物という系譜が考えられており、四十章の句もその趣旨で解すべきものと思われるのである。『老子』にいう「無」は、上述したように「有ることが無い」ということである。いま、老子の「道」を「無」と称しうるとすれば、それは、こうしたさまざまな意味における「無有」の総和としての「無」である。「有」に対する「無」であって、純粋に哲学的な「絶対無」ではない。老子の思想をあまりに深遠に解することは、かえって老子の思想を誤解することになりかねないのである。

第三章　柔弱謙下の処世訓

1　上善は水の若《ごと》し（八章）

得道者のあり方として、老子がもっとも重視するのは、不争・無私・謙虚の三条であるが、水はこの三つの性質をことごとく備えている。そこで老子は、水を「道」の象徴として貴《たっと》び、いくたびかこれに言及している。そのなかでも、この句はもっともよく知られており、後人の文に引用されることも多い。「上善」とは、「道」のあり方に適《かな》うという意味で、すぐれて善であること。老子は世間一般にいう善・悪の別を認めないが、独自の意味で「善」「善人」の語を使用している。詳しくは第五章の2（二三六頁）を参照されたい。

この句に始まる八章の文は次のようである。

上善は水の若《ごと》し。水は善《よ》く万物を利して争わず。衆人の悪《にく》む所に処《お》る。故《ゆえ》に道に幾《ちか》し。（八章―①）

『最上の善は水のようなものである。水はよく万物を潤《うるお》して多大の恩恵を与えるが、それでいて高きを競うこともなく、むしろ人のいやがる低湿の地に安んじている。つまり、〔こうした水のありさまは〕「道」のあり方に近いのだ』ということである。まさに「水」に対する絶賛の辞であって、人もこうした「水」のあり方を手本として柔《じゆう》弱《じやく》謙《けん》下《か》を旨とし、不争を事とせよ、という教訓をそのなかに寓《ぐう》しているのである。

八章はこのあとに三字七句、二十一字の文が続くが、それは上文とはあまり関係がないので省略すると、以上の文は、

夫《そ》れ唯《た》だ争わず、故に尤《とが》無し。（八章―②）

の句で結ばれる。『人も水を手本としてひたすら不争を信条としていれば、尤（災禍）に罹《かか》ることはない』ということである。これによって知られるように、八章は、単に不争・無私・謙虚を説くものではない。それは災禍を免れるための処世の術でも

あった。

解説に述べたように老子の説く柔弱謙下の処世論は、概して柔弱謙下を持することによる窮極的成功を期待するものである。ところが、八章にいう成功は、成功と称するにはあまりにもささやかである。とはいえ戦国の世を生きる人々にとっては、ともかくも禍《わざわい》を免れる、という程度のことでも、それ相応の成功であるのかもしれないが、どうも八章の趣意は、ひたすらに世人に柔弱謙下をすすめることにあり、末尾の言は、わずかにその効能を付記した、という印象である。

一方、同じく水を柔弱謙下の象徴としながらも、それを「柔弱は剛強に勝つ」というスローガンを押し立てて、柔弱の勝利を高らかに唱える論説もある。たとえば七十八章には、いわゆる水攻めに示唆《しさ》されたかと思われる文が見える。また四十三章に「天下の至柔は天下の至堅を馳騁《ちてい》す」とあるのは、急流が岩石をも駆逐するさまを想定するもののようである。

ちなみに「柔弱は剛強に勝つ」という『老子』に有名なスローガンは、実は遅れて出てきたものらしい。それに対して八章は、ごく原初的な柔弱論である。実は、水を引き合いにしての柔弱論を、ここに一括して述べるべきかとも考えたが、以上の理由でそれらは、本章の10に収めることとし、続いては比較的原初的と思われる柔弱論をあげることとしたい。

なお柔弱謙下の処世論は、時に世の君主の治政のあり方に適用される場合がある。たとえば、二十八章・六十六章のように、世の君主が柔弱謙下を持して民にへりくだれば、それによって天下に王ともなれようとの論である。八章の場合とは対照的に、それはまさに窮極的成功の最たるものであって、これについては便宜上、「無為の治」の項に収めた。

2　足るを知れば辱《はずかし》められず、止《と》まるを知れば殆《あや》うからず（四十四章）

世間には、飽くことを知らぬ欲望に溺《おぼ》れて身を誤り、あげくには生き恥をさらして野垂《のた》れ死《じ》にをする人が少なくない。この句は、欲望をほどほどにして、分相応に振舞えば、決してこのような恥辱を被ることはない、ということである。二句を合わせて「止足の戒」と称され、老子の処世訓として広く知られている。

たとえば、前漢一代の史書である『漢書《かんじょ》』疏広《そこう》伝に、次のような話が載せられている。

前漢宣帝《せんてい》の世（前七四—前四九）に疏広という人がいた。その徳望を見込まれて皇太子の師傅《しふ》（皇太子の教師とお守《も》り役を兼ねた大官）に任ぜられたが、五年にわたって大役を果たし、皇太子は学徳ともに成長を遂げた。かねて疏広は、老子の「功成《な》り名遂《と》げて身退《しりぞ》くは天の道なり」（一七三頁参照）、「足るを知れば辱《はずか》しめられず、止《とど》まるを知れば殆《あや》うからず」の言葉を信条としており、そこで、勇退を申し出る。天子や朝臣たちは、その人物を惜しんでしきりに慰留《いりゅう》したが、彼の決意は固く、けっきょく莫大《ばくだい》な慰労金を与えて官を去らせた。疏広は郷里に帰ると、連日のように一族や郷里の仲間を集め、慰労金で盛宴を張った。周囲の者が心配して、少しは子孫のために田畑でも買うようにすすめると、疏広は次のように答えた。

老いぼれの私がどうして子孫のことを考えぬことがありましょう。しかし、私には以前からの田も家もあるのですから、そこで子孫を勤労させれば、衣食を給《た》すに十分だと考えます。それをいま、重ねて財産を殖やして有り余らせるなら、ただ、子孫を怠惰《たいだ》にするだけのことです。「賢にして財多ければ、その志を損ない、愚にして財多ければ、その過ちを益《ま》す」というではありませんか。それに、富というものは衆人の恨みの的《まと》であります。私は、彼らの過ちを益したり、恨まれる因《もと》を作り出したくありません。また、この金子《きんす》は、天子さまが老臣を恵み養ってくださる聖慮に出るものであります。私としては、楽しんで郷里の友人や一族といっしょにごちそうになり、余生を終えたいものと思っております。それもよいのではありませんか。

そこで、一族の人々は納得した。疏広も天寿を全《まっと》うして世を終えたのである。『漢書』の編者である班固《はんこ》は、この人物を論評して、「疏広は止足の計を行い、辱殆《じょくたい》の累《わざわい》を免れた」と述べている。止足・辱殆が、『老子』の二句を合わせて一つとしたものであることは明白である。

「止足」の二字はその後、熟語として定着し、さまざまな場面で使用されている。たとえば、中国歴代の「正史」には、儒者の伝記を集めた「儒林伝」、孝子の伝記を集めた「孝義伝」などがあるが、そのなかに時おり「止足伝」という類目が見える。「足ること、止《とど》まることを知り、己《おの》れの分《ぶん》に安んじ」た人の伝記を、その名称のもとに一括して記しているのである。また、「止足の戒」「止足の分」という句の頻出することも注意される。

ところで、この二句を含む四十四章は、全体として、ほぼ以上の趣旨を説くものである。二句のほかにも有名な警句が並んでいるので、次にその全文を紹介しておこう。

名と身と孰《いず》れか親しき。身と貨と孰れか多《まさ》れる。得ると亡《うしな》うと孰れか病《うれい》なる。

（四十四章―①）

第一句にいう「名」は名誉・名声であり、第二句にいう「貨」は財貨・利益の意である。両者を合わせて「名利」と称する。世間の人々は、日夜に名誉や利益を追い求め、そのために心身をすり減らし、あげくに寿命を縮めることをいとわない。しかし、よく考えてみると、名といい利というも、それは「わが身」あっての物種《ものだね》である。とすれば、大切にしなければならないのは、実は「わが身」なのではないか。はじめの二句は、こうした観点からする問いかけである。

浮世の荒波のなかで、どうすればわが身を安全に保つことができるか。老子の処世論は、一種の保身の術である。その保身とは、時には現在の地位・身分を確実に守り通すことであり、時には生命の安全を保ち、天寿を全うすることである。ここは、後者の意味が強いように思われる。

第三句にいう「病」は、ここでは「憂」と同義であって、「気に病む」こと。「得ること」に懸命である世人は、ともすれば「得られないこと」だけを気に病んでいる。しかし、真に憂うべきは、「得られないこと」ではなくて、「失うこと」にあるのではないか。人は「得ようとすること」よりも、むしろ「失うこと」に配慮すべきではないか。第三の問いかけは、現状維持を旨とする保身の術である。

儲《もう》け話につりこまれて、全財産をつぎこんだところ、元も子もなくしてしまった、という類《たぐい》の記事は、新聞紙上に珍しくない。「得よう」として「失った」例である。「得よう」とすることには、多少の差はあれ、「失う」結果を招く危険がともなう。とすれば、現状を守って「失わぬ」ようにつとめること、それが最も安全・確実な方法である。第三の問いかけは、以上のことをふまえている。

是《こ》の故《ゆえ》に、甚《はなは》だ愛《おし》めば必ず大いに費《つい》え、多く蔵すれば必ず厚く亡《うしな》う。（四十四章—②）

上記の第三句を受けて、人が「得よう」とすることは、かえって「失う」結果となることをいう。「愛」は、ここでは物惜しみの意。「甚愛」が「大費」を招くとする論理はよくわからないが、おそらくは、微細な損失に気を使うあまり、大損を見逃してしまうさまをいうのであろう。次に「多蔵」が「厚亡」を招くとは、過度に蓄財すると、やがて、強盗につけねらわれ、一気に財を失う結果となる、というような趣意であるらしい。二句ともに、論理的にはどうもすっきりしないが、要するに「得よう」とすることは、「失う」に至る過程であることを、やや誇張して述べているのである。

足るを知れば辱《はずかし》められず、止《とど》まるを知れば殆《あや》うからず。以《もっ》て長久なるべし。

(四十四章—③)

それならば「失わない」ようにするにはどうすればよいのか。それは、欲望をほどほどに抑えて現状に満足することであり、身の程をわきまえて、適宜《てきぎ》のところにとどまることである。この道理を心得ていれば、人は何ものをも失うことがない。かくてわが身は安泰であり、長久を得る、というのである。

「足るを知れ」という類の教訓は、本章のほかにも二ヵ条見えている。参考までに次に記しておく。

足るを知る者は富む。（三十三章）

「足るを知る者」は、たとえ貧窮にあっても、心は豊かである。その「心豊かなる者」こそが、まことの「富める者」だ、ということである。

罪は欲すべきより大なるは莫《な》く、禍《わざわい》は足るを知らざるより大なるは莫く、咎《とが》は得んと欲するより大なるは莫し。故《ゆえ》に足るを知るの足るは、常《つね》に足る。（四十六章）

第一句は、欲望をたくましくすることが最大の罪だ、ということ。第三句にいう「咎《とが》」は「禍《わざわい》」と同義。まず、「足るを知らぬこと」「得んと欲すること」が、人にとって最大の災いであると断言する。これを受ける結句は少しく難解であるが、直訳すれば、『だから、「足るを知る」という足り方（満足のあり方）、これこそが恒久不変の「足る」（満足）である』となる。つまり、世にいう「満足」ではなくて、「足るを知る」という反省のうえに立って得られる「満足」こそが、永遠の満足だというのである。

世の人は、いちおうの欲望がかなえられると、そこで一時は満足する。しかし、人の欲望には際限がない。そこで一時は満足していても、それに慣れると、また次の欲望が起こって、満足はやがて、不満に転ずる。しかし、「足るを知る」という反省のうえに立って得られた満足は、永久に不満に転ずることがない。「足るを知るの足るは、常に足る」とは、ほぼこのような意味である。要するに物質的な豊かさではなくて、心の豊かさこそが、永久に変わらぬ豊かさである、ということになろう。

3　跂《つまだ》つ者は立たず、跨《また》ぐ者は行かず（二十四章）

「跂」は、つま立ちする、無理に背伸びをすること。「企」字に作るテキストも多いが、意味はまったく同じである。「跨」は、日本語では、マタグ、マタガル、の二通りに読むが、本来の意味は、股《また》を広げることであって、つまり、大股で溝や水たまりを越えるのがマタグであり、股を広げて馬に乗るのがマタガルである。ここに「跨《また》ぐ者」とは、大股で歩く者の意。

つま立ちすると、一時的に背は高くなるが、しかし、そのように不安定な状態を持続することはできない。大股で歩くと一時は早く進むが、しかし、すぐに疲れて長続きしない。「跂《つまだ》つ者は立たず、跨《また》ぐ者は行かず」とは、だいたいこのようなことを、老子一流の誇張した表現で述べたものである。

世間には、自分を偉く見せようとして無理な背伸びをしたり、功を焦《あせ》って無理な歩みをする人が多い。しかし、このような無理は、たとえ一時的に効果をあげることはできても、けっして長続きはしない。長続きしないばかりでなく、一時の無理がたたって挫折《ざせつ》する例も少なくない。「牛歩人生」という言葉があるが、たとえ遅くとも、マイペースで着実な歩みをすすめることが「無為自然の道」にかない、けっきょくは成功・保身の秘訣《ひけつ》だ、というのである。

この二句に始まる二十四章は、全体として柔弱謙下の道を説くものとなっている。次にその全文を紹介しておこう。

跂《つまだ》つ者は立たず、跨《また》ぐ者は行かず。
自《みずか》ら見《あらわ》す者は明らかならず、自ら是《ぜ》とする者は彰《あらわ》れず。
自ら〔功を〕伐《ほこ》る者は功無く、自ら〔栄位を〕矜《ほこ》る者は長からず。

其《そ》の道に在るや、余食贅行《よしぜいこう》と曰《い》う。物、或《つね》に之《これ》を悪む。故《ゆえ》に有道者は処《お》らず。
（二十四章）

『跂《つまだ》ちして背伸びしても、長く立ちつづけることはできない。大股《おおまた》で早く歩こうとしても、長く歩きつづけることはできない。

自分の才能を顕示する者は、かえってその才能が世に彰《あらわ》れない。自分の行動を是《よし》とする者は、かえってその行が世の賞賛を得られない。自分の功績を自慢する者は、その功績が台無しとなる。自分の栄位を矜《ほこ》る者は、その地位に長くはとどまれない。

以上のことは、「道」の立場からすると、作りすぎて残ったごちそう、無用の行為、と呼ぶ。〔残飯や無用の行為など〕人は見向きもすまい。だから、有道の人は、そこに身を置こうとはしないのだ』

さて、「自ら見《あらわ》す者」以下の四句も、また冒頭の二句と同旨であって、要するに、自己を誇示し顕示することを戒める趣旨の教訓である。世の人は、少しでも自分を目立たせよう、偉く見せようとするが、このようなみせかけの行為は決して長く続くものではない。長続きしないばかりでなく、かえって破滅のもととともなりかねない。老子は、このように説いているのである。

なお、実力以上に自分を偉く見せようとしたり、または自己を誇示し顕示しようとするこれらの行為を、老子は「余食贅行《よしぜいこう》」と称しているが、「贅」とは、現在よく使う「贅肉」のそれと同じ意味である。関連して次のような文がある。

学を為《な》せば日に益《ま》す。道を為せば日に損す。之《これ》を損して又損し、以《もっ》て無為に至る。（四十八章の一節）

『学問をすると日々に知識がふえるが、「道」を修めると日々に知識が減る。知識を減らし、さらに減らしつづけていけば無為の境地に到達する』

老子にとって世にいう知識は贅肉である。「之《これ》を損して又損す」とは、人の営みにおける贅肉を徹底的に削り取ること、そして、その極致に達したとき、それが「無為」だというのである。「無為の道」からすれば贅肉にひとしいもろもろの行為、それを端的に示す言葉として、「余食贅行《よしぜいこう》」の語は有名である。

ところで、「跂《つまだ》つ者は立たず」と同じような教訓として、次に示す句もまた、有名である。

飄風《ひょうふう》は朝《あした》を終えず、驟雨《しゅうう》は日を終えず。(二十三章の一節)

穏やかな春の日、突然に強烈な風が起こり、一瞬のうちに漁船が沈没したり、ビルの屋上の看板が落下して、通行中の人が大けがをすることがある。新聞用語では突風といい、不連続線のいたずらと解説される。
「飄風《ひょうふう》」とは、こうした突風、あるいは旋風《つむじかぜ》の類をいう。「朝《あした》を終えず」とは、ひと朝じゅう吹きつづけることはない、ということ。瞬間的な暴力を秘めた突風・旋風は、しかし瞬時にしてやみ、決して長くは続かない、ということである。
「驟雨《しゅうう》は日を終えず」。これについては、解説の要もないであろう。真夏の日の夕立ちを思い起してもらえば、それで十分である。

この二句、飄風と驟雨との短命であることを述べ、剛強の永続しにくいたとえとする。柔弱を旨とする老子言として知られる。

三十章と五十五章との二ヵ所に、まったく同文で次のような句が見える。

物、壮《さか》んなれば則《すなわ》ち老ゆ。是《これ》を不道と謂《い》う。不道は早く已《や》む。（三十章・五十五章の一節）

「壮」は「老」に対する語で、年若く元気なさま。ここでは「盛」と「衰」との対照を示す。「盛者必衰」は、やむをえない世の習わしである。しかし老子は、このことを忌み嫌い、これを「不道」、すなわち、恒久不変の「道」に背《そむ》くと称した。盛んなるものは必ず衰える。それならば、はじめから「盛」とならぬことがよい。「不道」とは、「盛者」の生き方、つまり、剛強を誇る人々の態度をいう。「飄風《ひょうふう》」「驟雨《しゅうう》」は、ここにいう「不道」にほかならない。だからこそ「早く已《や》む」のである。老子は、また、

強梁《きょうりょう》（強暴）なる者は、其《そ》の死を得ず。（四十二章の一節）

ともいっている。強暴な者は畳の上では死ねない、ということである。盛んにもならず、したがって、衰えることもない。一時的な権勢を追うことなく、波乱のない、平静な日常を持続すること、それが老子の理想とする生き方であった。

4　其の光を和《やわ》らげて、其の塵《ちり》に同ず――和光同塵《どうじん》（四章・五十六章）

『己《おのれ》の知恵や才能を世にあらわそうとせず、その光を内に包んで和らげ、世俗の塵《ちり》に同調する』ということ。指導者然と構えて人を見下すような態度をとらず、聡明《そうめい》・英知を内に隠して衆人のなかにとけこみ、衆人と苦楽を共にする。しかし、知らず知らずのあいだに人々の敬愛を一身に集めるようになる。本句は、このような生き方を説くものであって、万物を分け隔てなく包容する聖人のあり方を、具体的な処世の上に示す言葉であるといえよう。『老子』における柔弱謙下の処世訓としてもっとも有名であり、後世では、これをつづめて「和光同塵」と称し、あるいは「和光」と略して、随所にこの句を使用するようになった。

まずこの句を含む五十六章の全文を記してみよう。

知る者は言わず、言う者は知らず。
其の兌《たい》を塞《ふさ》ぎて、其の門を閉じ、其の鋭《えい》を挫《くじ》きて、其の紛《ふん》を解《と》き、其の光を和《やわ》らげて、其の塵《ちり》に同ず。是《これ》を玄同《げんどう》と謂《い》う。故に得て親しむべからず、得て疎《うと》んずべからず。得て利すべからず、得て害すべからず。得て貴《たっと》ぶべからず、得て賤《いや》しむべからず。故に天下の貴と為《な》る。（五十六章）

『本当にわかっている人はしゃべらない。よくしゃべる人は、実は何もわかっていないのだ。〔本当の知者――得道の人は、〕耳目《じもく》の穴を塞《ふさ》いで、世の雑念が入りこむ門戸を閉ざし、一方、己《おのれ》の鋭鋒《えいほう》（「道」にもとづくまことの知恵）を挫《くじ》いて、〔世俗の知恵との〕もつれを解きほぐし、己の英知の光を和らげて、世俗の塵に同化する。これを玄同（言葉では説明できない霊妙な一体化）という。

さて、このように玄同の境地にある人に対しては、近づいて親しむこともできず、遠ざけて疎《うと》んずることもできない。利益を与えることもできず、危害を加えることもできない。貴ぶこともできず、卑《いや》しむこともできない。だからこそ、その人は天下で最も貴い人となるのだ』

冒頭の「知者不言、言者不知」は、これだけについていえば、いわゆる知ったかぶりを批判するだけの言葉であるように受け取れる。ところが、そう考えたのでは、「塞其兌、閉其門」以下の主語がわからなくなってしまう。

冒頭の二句は、おそらく世に行われていた諺《ことわざ》を引用したものであろう。しかし、そこにいう「知者」とは、実は「道」を知る人の意で、後文の主語ともなる得道者を指す、と考えられる。「知者不言」とは、その人が、「道」の世界は言葉で説明することができないとして、不言を堅持していたさまなのである。したがって、後句に「言者不知」とあるのは単なるつけ足しに過ぎず、「知者不言」から直ちに「塞其兌、閉其門」に続くと解すればよい。

大旨は「玄同」を説くにあり、それは聖人・聖王が、たくまずして世間に溶け込むさま、つまり「和光同塵」のさまを感嘆の意をこめて表現したのが「玄同」である。なお、終わりの一段は、玄同の聖人が世間の親疎・利害・貴賤を超越して、分けへだてなく世人と交わるさまである。

◉さきに「和光同塵」の句が後世に多用されていることを述べたが、次にその用例を二、三示しておこう。

後漢末に王允《おういん》という人がいた。当時、朝廷には宦官《かんがん》がはびこり、国政をもっぱらにしていたが、この宦官とも気脈を通じて「黄巾《こうきん》の乱」と呼ぶ史上に有名な反乱が起こり、朝廷はその鎮圧に手を焼いていた。王允は、董卓《とうたく》・陳蕃《ちんばん》らとともに黄巾を討ち、また、宦官を抑えるに功があった。しかしその後、行をともにしてきた董卓は、幼い献帝を擁立して漢朝の乗っ取りを画策しはじめ、王允はそれを見抜いていた。そのころ王允は、これまでの功として、五千戸の食邑《しょくゆう》を賜わることになったが、董卓に協力することを嫌った王允は、これを固辞しようとした。そのときに友人の士孫瑞《しそんずい》は、王允をいさめて次のように述べたという。

公、董太師と位を並べ、倶《とも》に封ぜらる。而《しか》るに独り高節を崇《たか》しとするは、豈《あ》に和光の道ならんや。

「いま貴公は、董太師（当時、董卓は、献帝の太師に任ぜられていた）と並んで諸侯に封ぜられることとなった。しかるに、貴公がひとり節義を重んじて固辞されることは、和光の道に背くものではありますまいか」という意味である。ここに「和光」とは、いうまでもなく「和光同塵」のこと。確かに董卓の野心は歴然としており、食邑を固辞する貴公の心情も分からぬではない。しかし、ここはあまりかたくなな態度をとらず、とりあえずは泥をかぶって董卓に協力することが、かえって漢室のためでありましょう。士孫瑞のいさめは、このような気持ちをこめるものであった。士孫瑞の言を入れて王允は、二千戸の食邑を受けることで妥協する。その後、王允は、部下の将軍呂進《りょしん》に命じて、董卓を暗殺することに成功した。(『後漢書』六十六「王允伝」による)

竹林《ちくりん》の七賢《しちけん》の一人として知られる嵆康《けいこう》は、三国魏《ぎ》の人。老荘の学に通じ、養生服薬の仙道に造詣《ぞうけい》深く、これらに関する論説を多く残している。また、詩才にも恵まれ、音楽をたしなみ、しかも魏の王室と姻戚関係にあるという名門の出身。まずは申し分のない俊才貴公子であったと思われる。ところがその嵆康は、対人関係において潔癖にすぎ、気に入らない人物に対しては、嫌悪の情を露骨に示した。そのために多くの政敵を作り、ついに、悲惨な運命をたどって、刑場の露と消え果てたのである。

ところで、『顔氏家訓』という書がある。六朝《りくちょう》末の顔之推《がんしすい》(五三一―六〇二)が、一族のために家訓として残したとされる書である。その内容は、文字どおりに家訓を思わせる部分もあるが、一方、彼の人生論・風俗論・学問論・文学論などを含む。六朝士大夫《したいふ》の日常を知る貴重な資料であるが、同時に出色の評論集として読みごたえのある書である。

その「勉学第八」は、学問の功用・方法などについて述べるが、そのなかに学問をしながら、いっこうに学問が身につかなかった故人を列挙する部分があり、そのなかで上記の嵆康を槍玉《やりだま》にあげ、次のように記している。

嵆叔夜（叔夜は嵆康の字《あざな》）は俗を排して禍《わざわい》を取る、豈《あ》に和光同塵の流ならんや。

敷衍《ふえん》していうと、「嵆康は老荘の学に通暁していたということだが、それなら和光同塵の教訓も学び取ったはずであろう。ところが彼は、己《おのれ》ひとりを高しとして、気に入らぬ人を俗人とさげすみ、そのために刑死の災いを被ることとなった。こんな生き方をした嵆康を、どうして老子の徒といえようか」という次第になろう。

「和光同塵」の句は、また中国仏教にも取りこまれ、その教理を解説する便利な言葉として、さまざまに用いられている。使用例は、仏教が中国の地に本格的に根を下ろしはじめた四世紀後半、当時を代表する高僧であった僧肇《そうじょう》に始まる。

そのころ中国では、『維摩経《ゆいまぎょう》』（正確には『維摩詰所説経《ゆいまきつしょせつぎょう》』）が流行していた。この経典は、日本では聖徳太子の作と伝えられる『三経義疏《さんぎょうぎしょ》』の一つ『維摩経義疏』によって有名であるが、これは、同経の注釈書の一種である。

むかし釈尊《しゃくそん》在世のころ、中インドのヴァイシャーリー市に、維摩詰（ヴィマラキールティ）と呼ぶ長者がおり、大乗仏教の奥義に通じて、在家の身ではあったが、衆人の敬仰を集めていた。ある日、病床にあった維摩を、釈尊の命で文殊菩薩《もんじゅぼさつ》が見舞い、そこで二人のあいだに、大乗仏教の教理である「空」・「無」などについての問答が交わされる。『維摩経』とは、このような設定のもとに維摩詰が、大乗仏教の奥義について論述するものである。

この維摩詰は、釈尊の死後数百年を経て大乗仏教が興ってから、その宣伝のために虚構された架空の人物である。その人物設定によれば、彼はもともと天上界の菩薩であって、ただ大乗の教えを世間に広めるために、かりに長者としてこの世に現れたのである、と説かれていた。

ところで僧肇は、この経典に傾倒し、注釈を著した。『注維摩詰所説経』十巻がそれであるが、さて、彼は同書の序に維摩詰の人物を、次のように紹介している。

維摩詰は法身《ほっしん》の大士（菩薩）なり。其《そ》の権道《けんどう》無方にして、隠顕迹を殊にし、彼の妙喜（維摩詰の住む天を、妙喜世界と称する）を釈《す》てて、此《こ》の忍土《にんど》（俗世間）に現ず。光を塵俗に和し、因《よ》りて道教（ここでは大乗の教え）を通ずる所以《ゆえん》なり。

僧肇は、もともと老荘の学にも精通していた人で、そこでこのような表現もさりげなく出てきたのであろう。ともあれ仏教では、天上界の菩薩が、衆生《しゅじょう》を救済するために、仮の姿をこの世に現すことを「和光同塵」の句で説明するようになったのである。

菩薩の場合だけではない。大乗仏教では、釈尊の八十年にわたる在世も、また仮の姿であるとする。つまり、「法身《ほっしん》」として時空を超えた存在である釈迦《しゃか》が、「応身《おうじん》」として中インドに現れたのだ、というのである。この場合、「法身」としての釈迦が、「応身」としてこの世に現れたことも、やはりこの句で説明される。たとえば、南北朝時代の北魏《ほくぎ》の歴史書『魏書』には、「釈老志」（仏教と道教に関する記述の意）の一巻がある。北魏といえば、有名な大同や龍門《りゅうもん》の石窟《せっくつ》が作られた時代であって、とくに仏教の栄えた時代であるが、「釈老志」は、当時における仏教の事情を記すとともに、またインドに始まる仏教の歴史や教理の全般を要説するものとして、貴重な資料であ

る。ところで、この「釈老志」は、「応身」（ここでは「権応身」と称する。権はかりの意）について、

権応身なる者は、光を六道（衆生のさまよう六種の世界）に和らげ、塵を万類（万人、衆生を指す）に同ず。

と解説しているのである。

なお、日本で「神仏の習合」をいう場合、しばしば「本地垂迹《すいじゃく》」ということを説く。わが国の神々はインドの仏菩薩が仮の姿を日本の国土に現したものであるとする説であって、つまり、「本地」とは仏菩薩であり、「垂迹」（迹を垂れる）とは、神としての応現をいうのである。

ところで、「和光同塵」の句は、この場合にも多用されている。すなわち、本地としての仏菩薩が、神として日本の国土に垂迹することをこの句によって示しているのであって、たとえば鎌倉時代の『一遍上人絵詞《えことば》伝直談鈔《しょう》』第十二に、

総じて神の本地とは仏菩薩なり。諸仏菩薩は此《こ》の土の衆生に於《おい》て縁を結び、之《これ》を

以《もっ》て浄土に引入せんと欲するが故《ゆえ》に、本地の仏、光を和して神と現じ、穢土の塵に交りたもうなり。

とあるのがそれである。

老子の言葉として、もっとも広く多用されているのは、おそらく「和光同塵」の句であろう。

5　善く人を用うる者は之が下《した》と為る（六十八章）

『ほんとうに人を使いこなす人物は、人の上に立とうとせず、むしろ人の下に付こうと心がけるものだ』ということ。この句を含む六十八章の全文は次のようである。

善く士たる者は武《たけ》からず。善く戦う者は怒らず。善く敵に勝つ者は与《くみ》せず。善く人を用うる者は之《これ》が下《した》と為《な》る。是《これ》を争わざるの徳と謂《い》う。是を人の力を用うと謂う。是を天に配すと謂う。古《いにしえ》の極なり。（六十八章）

『ほんとうにりっぱな戦士はたけだけしくない。ほんとうに戦上手《いくさじょうず》の人は、怒りに任せて戦うことをしない。ほんとうの勝利者は、まともに相手と争うことをしない。ほんとうに人を使いこなす人は、かえって人の下に付こうとする。以上の四条を「不争の徳」（不争の功）という。また「ほんとうに人の力を使いこなす道」という。また「天と一つになったありさま」という。これこそ古くからある法則である』

不争を旨とする老子にとって、戦《いくさ》はやむをえずして行うものである。したがって、戦場に臨んでも、いたずらに剛強を誇って敵を圧倒することを第一義としない。むしろ柔和を旨として人を殺傷することを忌み、極力、攻戦を回避する。「善く士たる者は武《たけ》からず」とは、このような態度をいうのであろう。

「善く戦う者は怒らず」。そもそも、いかなる場合でも憤激の情を外に表すことは、老子のもっとも忌むところである。まして、怒りに任せて戦いを挑むということは下策の最たるものであった。受け身の戦いを、あくまでも冷静に、また周到な用意のもとに、必要最小限度の規模で行う、それが戦上手《いくさじょうず》というものだ、ということである。

「善く敵に勝つ者は与《くみ》せず」。老子によれば戦って勝つという勝ち方は、まことの勝利ではない。まことの勝利は、争わないで勝つことにある。この句はその趣旨を述べるものである。なお、「争わずして勝つ」という類《たぐい》の句は『老子』の随所に見えるので、あとで一括して述べることとする。

さて、以上の三句は何らかの意味で戦争に関連する言葉である。ところが、これに続く第四句、「善く人を用うる者は之《これ》が下《した》と為《な》る」の文は、戦争とまったく関係がない。そのあとに、「争わざるの徳」「人の力を用う」とあるが、戦争に関する前三句にはは「不争の徳」が対応し、第四句には「人の力を用う」が対応するようにも思われる。しかし、前三句が「人の力を用う」とはまったく対応しないのに対して、第四句は、部下とその能力を競わないという意味で、「不争の徳」にも十分対応しうるものである。以上から推すと、前三句は、「不争の徳」の句に導かれて付加されたままでのものであって、本章の主題は第四句以下にあると見るべきであろう。重ねて記すと次のようである。

善く人を用うる者は之《これ》が下《した》と為《な》る。是《これ》を争わざるの徳と謂《い》う。是を人の力を用うと謂う。（六十八章）

人の上に立つ者は、万事を部下の才智にゆだねて能力を競うことなく、自身謙虚であってこそほんとうに部下を掌握できる。これこそが「不争の効用」であり、人を使う要諦《ようてい》である。また、このようであってこそ部下の能力を最大限に活用することができる。この部分を切り離していうと、以上のような意味である。

さて、「不争の徳」という句に関連して、同じく「不争」をいう句を次に列挙してみよう。

夫《そ》れ唯《た》だ争わず。故《ゆえ》に尤《とが》無し。（八章）

夫れ唯だ争わず。故に天下に能《よ》く之《これ》と争うもの莫《な》し。（二十二章）

其《そ》の争わざるを以《もっ》て、故に天下能く之と争うもの莫し。（六十六章）

天の道は争わずして善く勝つ。（七十三章）

八章の句は、前項1（一四一頁）で述べたように、不争によって災禍を免れるということ。以下の句に比べると、やや消極的な表現になっている。しかし、次の二十二章と六十六章は、当方が争うことをしないのであるから、したがって、これに敵対する者もいない、かくて天下無敵だという論法である。

いったい、「争わない」ということは「負けることがない」とはいえても、「勝つ」ということには、本来はならないはずである。しかし、世間一般の使用例として、「無敵」「不敗」ということは、「勝つ」ことを意味する。しかも「争って勝つ」者は、他日「敗者」に転ずる危険をもっているが、「争わない」ことによって得た「不敗」という勝ち方は、永遠に「敗者」に堕《だ》することがない。その意味で永遠の勝利者だ、ということになる。なお、七十三章は、このように不争によって永遠の勝利を得ること、これこそが「天の道」（無為自然の道）だ、ということである。「不争の徳」（不争のもたらす功用）とは、要するに「不争による永遠の勝利」の意にほかならない。

6　曲なれば則《すなわ》ち全し――曲全の道（二十二章）

『己《おのれ》を曲げてこそ身の安全を得ることができる』ということ。負けて勝つ処世の態度を示す言葉として知られ、つづめて「曲全《きょくぜん》の道」ともいう。聡明《そうめい》で、出処進退を誤らない生き方を「明哲保身」（『詩経』の大雅、「蒸民」に見える言葉）というが、この言葉に通ずるところもある。

ここにいう「曲」は、一説に「己の意志を曲げて世間に順応すること」であるという。しかし別の一説に、『荘子《そうじ》』の逍遥遊篇《しょうようゆう》・山木篇《さんぼく》に、彎曲《わんきょく》してこぶだらけの木が、無用のゆえに伐採を免れ、天寿を全うするという物語の見えることから、ここにいう「曲」は「曲木」の意であるとする説も有力である。つまり、「出る杭《くい》は打たれる」のたとえのように、なまじに才能をあらわすことなく、「曲木のごとく役立たずに徹せよ、それが自己保全の道だ」という趣旨の句と解するのである。以下に述べる句との関連からみて、後説がまさるようであるが、もちろん前説のように解しても誤りではない。

ところで、「曲《きょく》なれば則ち全《まった》し」に続く次の三句も、また同旨の処世訓として知られている。

枉《おう》なれば則《すなわ》ち直《なお》し。
窪《わ》なれば則ち盈《み》つ。
敝《へい》なれば則ち新し。（二十二章）

「枉《おう》」は曲と同じ、「直」はまっすぐに伸びる意。「身を枉《ま》げてこそ伸びることができる」ということである。この句は尺取虫《しゃくとりむし》が、前進するために、いったんは身をかがめるさまに示唆されたものという。四十一章に、「進道は退くが若《ごと》し」とあるのと同じく、「退くことによって進む」という趣旨の教訓である。

次の「窪《わ》なれば則ち盈《み》つ」は、「土」に関するたとえであって、「土地は窪《くぼ》めばこそ、そこに水を満たすことができる」ということ。高きを競う世相に対して、低く窪むことによって役に立つとする教訓である。村落の用水池などから連想された句であろう。

「敝《へい》なれば則ち新し」は、「衣」に関するたとえで、「衣服は着古して敝《やぶ》れてこそ新調される」ということであるらしい。

以上から知られるように、「曲なれば則ち全し」に始まる四句は、木・虫・土・衣という、きわめて日常的な四つのものをたとえとして、世間的にはマイナスと考えられている状態に甘んずることが、結果としてプラスに転ずることを述べるものである。三・四句は、いささかこじつけのような気もするが、一・二句は名言として知られており、とくに第一句は「曲全の道」と称して、老子の処世訓を代表する言葉ともなっている。

なお『老子』によれば、「曲則全」の句は古くから行われていた諺《ことわざ》であって、二十二章の全般はこの古諺《こげん》の正しさを証明する趣旨の文となっている。ところがその文は、古聖王が柔弱を持することによって天下に王となった経緯を述べるものであって、以上の四句のもつ素朴な味わいとは融合しない。ここでは四句を紹介するにとどめておく。

◉中国には、古く「明哲保身」という言葉がある。『詩経』の大雅、「蒸民」に西周《せいしゅう》の宣王《せんおう》（前八〇〇年ころ在位）に仕えた名臣として知られる仲山甫《ちゅうざんぽ》をたたえて、

邦国の若否《じゃくひ》（善悪）　仲山甫之《これ》を明らかにす
既に明且《か》つ哲　以《もっ》て其《そ》の身を保つ

と見えるのがその典拠である。大意をいうと、「天下の諸侯の国々で起こる善事悪事を、仲山甫はいちいち明白に知っていて、善は賞し悪は罰した。このように仲山甫は善悪を明らかにする聡明《そうめい》さ（明）と、是非を弁別する英知（哲）を備えていた。だから、天下を泰山《たいざん》の安きにおくとともに、自身の身も安泰であった」ということであ

る。

以上からすると、「明哲保身」という言葉の本来の意味は、「明哲」であることが結果として、「保身」をもたらすのであって、「保身」のために「明哲」であれ、ということではない。しかし、この言葉がひとり歩きをすると、本来の意味は失われ、「いかなる場合にも身を守ることのできる聡明さ」として、一般に用いられることとなった。「曲全の道」とは、こうした意味における「明哲保身」である。

7　功成《な》り名遂《と》げて身退《しりぞ》くは天の道なり（九章）

『功名を成し遂げたら、その地位に恋々《れんれん》とせず、速やかに引退せよ、それが天地自然の道である』ということ。頂上を極めた人の取るべき処世訓として広く知られている。

この句、テキストによっては、「功遂げて身退くは天の道なり」であるが、日本では「功成り名遂げる」という表現が定着しているようである。

いずれの分野であれ、最高の地位につくことは、決して容易なわざではない。それだけに、ようやくの思いで得た地位にできるかぎり長くとどまりたいと思うのは世の常であろう。しかし、長くその地位にいれば、思いがけぬ事故で引責辞職を余儀なくされることもあろう。そうでなくても、後釜《あとがま》をねらう人は大勢いる。いつその地位から引きずりおろされることになるか、知れたものではない。あげくの果ては、野垂れ死にしてせっかくの功名を台無しにしてしまう。

「引退の花道」ということばがある。人間、引き際が大切である。功名の座からきれいに身を引くことにより、その功名はかえって永遠のものとなる、また、その身は安全である。本句は、このような教訓を含んでいる。

第二章の末尾に聖人（聖王）のあり方を述べて次のようにいう。

是《ここ》を以《もっ》て聖人は、無為の事に処《お》り、不言の教を行う。万物焉《ここ》に作《おこ》りて辞《じ》あらず、生じて有《たも》たず、為《な》して恃《たの》まず、功成りて居《お》らず。夫《そ》れ唯《た》だ居らず、是を以て去らず。（二章）

『そこで得道の聖人（聖王）は、無為自然を事とし、もの言わぬ教えによって民を導く。それによって万物（万民）が盛んに活動するようになっても何ひとつ語らず、ものを生み出しても己《おのれ》の所有とはせず、大事業を果たしても誇りとせず、功名を成し遂げてもその座に居すわらない。決して居すわろうとしない、だからこそ、その功名は永遠である』ということである。

「功成り名遂げて身退く」という処世訓は、「功成りて居《お》らず」という「聖人」のあり方を、人の理想的なあり方として説くものである。「天の道なり」とされるゆえんも、この点にあるといえよう。

「満ちれば欠ける」のは、世の習いであるが、老子はそれを忌み嫌う。そこで、欠けないようにするにはどうすればよいのか。それは欠けはじめる前に「満」の状態（功名の座）から去ることだ。そうすれば永久に「満」の状態を持続することができる。これが「功成り名遂げて身退く」ということである。

しかし、これとはまた別の考え方もある。それは、欠けないためにははじめから満ちないことだ、という考えである。『易経』に「亢竜《こうりゆう》 悔有《くい》り」という言葉が見える。昇りつめた竜は、もはやこれ以上に昇りようがない。あとは下降の途を辿《たど》るだけである。そこで、その竜は昇りつめたことを後悔する、というのである。これに象徴される教訓を「盈満《えいまん》の戒《いまし》め」というが、『老子』には、この「盈満」を戒める趣旨の文が多い。いうまでもなく、これもまた柔弱謙下の処世訓である。

標題の句を含む第九章は、実は「盈満の戒め」を説くことが主題となっており、そこにはこれに関する名言が並んでいる。次にその全文を紹介しておこう。


持して之《これ》を盈《みた》すは、其《そ》の已《や》むに如《し》かず。

揣《と》ぎて之を鋭くすれば、長く保つべからず。

金玉堂に満つれば、之を能《よ》く守るなし。

富貴にして驕《おご》れば、自《みずか》ら其の咎《とが》（禍）を遺《のこ》す。

功成り名遂げて身退くは天の道なり。（九章）

『器を持ったまま水を満杯にすること〔は至難かつ無益のしわざ、このような努力〕は、やめてしまうのがいちばん。

刃物を揣《と》いで鋭くすれば、〔すぐに刃こぼれして〕長く保つことはできない。

金玉財宝を家いっぱいにためこんだとて、とても守りきれるものではない。

富貴を得てその地位に驕ることは、自ら禍《わざわい》を招くもの。

功名を成し遂げたら直ちに引退するのが天の道だ』

8　千里の行《こう》も足下《そっか》に始まる（六十四章）

柔弱謙下の処世は、成功するよりも失敗しないことを、福を得るよりも禍《わざわい》にかからないことを、そのモットーとする。しかし、このような生き方を実践するためには、一つの失敗も許さない慎重な配慮が必要である。禍の芽は小さいうちに摘み取らねばならない。何よりも禍の芽生えを未然に防ぐ平素の心がけが大切である。『老子』には、こうした趣旨での含蓄に富む名言が多い。標題の句はその一つである。『千里の道程《みちのり》も、足もとの第一歩から始まる。だから、最初の第一歩を大切にせよ』ということであるが、また、『千里の道程も、足もとの一歩一歩を積み重ねて到達する。それゆえ、その一歩一歩を慎重にせよ』という意味にも受け取れる。『史記』の太史公自序《たいしこうじじょ》に、そのはじめが大切であるとするたとえとして、「之《これ》を毫釐《ごうり》に失いて、差《たが》うこと千里を以《もっ》てす」という句が見える。ほんの微少な誤りが、積み重なると千里の差となる、ということである。これに由来する日本の諺《ことわざ》に、「千里の謬《あやま》りも毫釐《ごうり》の差より起こる」という句があるが、これも同じ意味である。また、『淮南子《えなんじ》』の人間訓《じんかんくん》に、「千里の隄《つつみ》も螻蟻《ろうぎ》（蟻《あり》）の穴を以て漏る」と見える。千里の堤防が、取るにも足りない蟻の穴を放置しておいたばかりに崩壊する、ということで、ちょっとした油断が大きな禍を招くたとえである。同類の諺に、「千里」という言葉は好んで用いられていたようである。

ところで六十四章には、標題の句と並んで、「合抱《ごうほう》の木も毫末《ごうまつ》に生ず」「九層の台《うてな》も累土《るいど》より起こる」という句も見える。以上の三句を中心として、六十四章は、慎重のうえにも慎重な処世の要諦《ようてい》を説くものである。少しく長文にわたるが、次にその全文を紹介することとしよう。

其《そ》の安きは持し易《やす》く、其の未《いま》だ兆《きざ》さざるは謀《はか》り易く、其の脆《もろ》きは泮《と》かし易く、其の微なるは散らし易し。之《これ》を未だ有らざるに為《おさ》め、之を未だ乱れざるに治む。

（六十四章—①）

『事柄の安定しているうちは保持しやすく、事の兆さないうちは処置しやすく、固まらないうちは溶かしやすく、微少のうちは散らしやすい。事の生じないうちに処理し、乱の起こらないうちに治めることが大切である』

炎々と燃え上がる大火を消し止めるのは容易なことではないが、小火《ぼや》のうちに消し止めることは簡単である。さらにいえば、平生から失火しないように配慮することは、もっと簡単である。上文の一・二句は平生の配慮であり、三・四句は小火のうちに消し止めることをいうのであろう。

合抱《ごうほう》の木も毫末《ごうまつ》に生じ、九層の台《うてな》も累土《るいど》より起こり、千里の行も足下に始まる。

（六十四章―②）

『一抱えある大木も小さな芽から大きくなり、九層の高楼も一盛りの土から起工され、千里の道程《みちのり》も足もとの第一歩から始まる』

第一句は、「禍《わざわい》も、芽生えのうちであれば、手で摘み取ることもできるし、足で踏みつぶすこともできる。しかし、すでに亭々たる大木となれば、これを切り倒すことは容易なわざではない」ということである。第二句は、基礎工事の第一歩が大切である、ということであって、第三句と同じ趣旨の諺である。

さて、六十四章は、ここまでのところ、「禍は未然に防げ」「始めを大切にせよ」という類《たぐい》の、きわめて通俗的な教訓を説くものであった。ところが、以下の③④⑤は得道の聖人のあり方を述べるものであって、前半とはまったく論調を異にする。

実は「竹簡本」を調べると、六十四章の前半と後半とは、それぞれ別の章をなしている。現行本が、それを一つの章にまとめたことから、このような状況を招いたのである。ただ後半部にも「終わりを慎むこと始めの如くせよ」という、前半部に通ずる処世訓が含まれており、現行本が、本来の二章を合して一つの章としたのもそのためであったかと思われた。

以上の事情を了承願ったうえで、後半部に進むこととしよう。

為《な》す者は之《これ》を敗《やぶ》り、執《と》る者は之を失う。是《ここ》を以《もっ》て聖人は、為すこと無し、故《ゆえ》に敗るること無し。執ること無し、故に失うこと無し。（六十四章―③）

『強引に事を行う者はやり損ない、一事に拘泥する者は取り逃す。それゆえ無為の聖人は、無理なことをしない、だから仕損じもない。一事に拘泥することがない、だから取り逃すこともない』

本章は、ここにきていかにも『老子』らしい論述に戻る。それだけに前条までの論旨に直結しないが、要するに「無理をするな」「一事一物にこだわるな」という趣旨と考えられるので、その意を体して解しておいた。

民の事に従うや、常《つね》に幾《ほと》んど成らんとするに於《お》いて之《これ》を敗る。終わりを慎むこと始めの如《ごと》くんば、則《すなわ》ち事を敗ること無し。(六十四章―④)

『人が事を行う場合、いつもあと一息というところで失敗する。事業の終わりに慎重であること、始めのときのようであれば、失敗することはない』

これまで、「始め」の大切さを説いてきた論旨は、ここで一転して「終わり」における慎重さを強調する。要するに始めから終わりまで、細心に注意せよということであって、まさに「失敗のない」ことが「最大の成功」であるとする柔弱謙下の処世訓であるといえよう。ところで、以上の「終わりを慎め」とする論のあとにも、やはり、聖人のあり方を述べる文が続き、長文にわたる六十四章の論が結ばれる。

是《ここ》を以《もっ》て聖人は、欲せざるを欲して、得難きの貨を貴《たっと》ばず。学ばざるを学び、衆人の過ぎたる所を復《かえ》し、以て万物の自然を輔《たす》けて敢《あ》えて為《な》さず。(六十四章―⑤)

『それゆえ無為の聖人は、世人の欲求しないもの(無欲)を欲して、(世人の欲求する〕貴重な財貨を貴《たっと》ばない。世人の学ぼうとしないこと（無為）を学んで、人々の行き過ぎを本来の姿に戻し、万物のあるがままに従って、決して無理なことをしない』

無為の聖人のあり方として、無欲と、世俗の知恵・学問を退ける趣旨をいう上文は、これまた、「終わりを慎め」とする論と必ずしも直接につながらない。要は事をなすについて慎重であるとは、無欲を旨とし、さかしらな知を捨て、おのずからなるものに身をゆだねる、つまり、無理をしないことが肝要である、とするのである。

以上、六十四章の文を、全五段に分けて述べてきたが、各段落の論旨はそれぞれ別個の観点に立つものであって、必ずしも前後と相関連するものではない。しかし、要するに処世に臨んでの慎重さを説くという点では、ほぼ一貫している、といえようか。

最後に「道」を体得した人の世に処するさまをいう次の句を紹介しておこう。

予《よ》として冬に川を渉《わた》るが若《ごと》く、猶《ゆう》として四隣《しりん》を畏《おそ》るるが若し。（十五章の一節）

「予《よ》」と「猶《ゆう》」は、「猶予《ゆうよ》」という熟語となっていることからも知られるように、いずれも、ためらう、しりごみする、ぐずぐずする、という意味である。漢字でいえば、躊躇逡巡《ちゅうちょしゅんじゅん》のさまである。つまり、この句は『〔事を行うのに〕ためらうさまは、冬に氷の張った川を渡るときのようであり、しりごみするさまは四隣の敵を恐れればばかるようだ』ということである。この句も、臆病なまでに慎重な老子的処世を示すものといえよう。

9　怨《うら》みに報いるに徳を以てす（六十三章）

「目には目を、歯には歯を」（『旧約聖書』出エジプト記）という言葉があるが、これとは対照的に標題の句は、老子の寛大さを示す言葉として有名である。

この句に関連して、『論語』憲問篇に次のような文が見える。

或《あ》るひと曰《いわ》く、徳を以《もっ》て怨《うら》みに報ゆるは如何《いかん》。子曰く、何を以てか徳に報いん。直を以て怨みに報い、徳を以て徳に報ゆ。

『ある人が言った、「恩恵を与えることによって怨《うら》みに報いる、という言葉がありますが、いかがなものでしょうか」。先生は言われた、「〔怨みを受けても恩恵で報いるということになったら〕恩恵を受けたお返しは何でするのですか。まっすぐな正しさで怨みに報い、恩恵によって恩恵に報いることです」』

「直を以て怨みに報いる」という句は少しく難解であるが、要するに人から怨みを受けた場合、怒気を含んで対応するわけではないが、そうかといって、怨みのすべてを水に流して、にこやかに対応することはない。己《おのれ》の正義を持して相手の悪は悪として、はっきり認めさせる、というくらいの意であろう。

清濁《せいだく》併《あわ》せ呑《の》むという言葉があるが、老子は、怨徳併せ呑むべきことをいう。ところが孔子は、恩恵を受けた場合と、怨みを受けた場合と、その対応の仕方をはっきり区別する。孔老二子の相違が、はしなくもここに示されているのである。

なお、「報怨以徳」の句が『論語』と『老子』の両方に見えることについて、そのいずれかが先行し、後出の説はそれに対する駁論《ばくろん》であるとする見方もある。しかし、おそらくこの句は、古くから行われていた諺の類《たぐい》であって、それがたまたま両書に取り上げられ、異なった見解が示された、という次第なのであろう。

ところでこの句は、六十三章の全般的論旨からすると、老子の寛大さを示すというよりも、実は、もめごとの起こるのを極力避けるために、「怨《うら》みに対してさえも恩恵をもって報いよ」という、まことに用心深い処世のあり方を示す句であるように思われる。六十三章には、こうした趣旨における味わい深い処世訓も見えるので、次にその全文をあげ、通解を加えておこう。

無為を為《な》し、無事を事とし、無味を味わう。
小を大とし、少を多とし、怨《うら》みに報いるに徳を以《もっ》てす。〔六十三章—①〕

『無為をわが信条とし、無事をわが日常とし、無味〔淡白〕をわが態度とする。小さいことでも、これを大事として扱い、些少《さしょう》のことでも、これを多事として扱い、〔もめごとを起こさぬためには〕怨《うら》みを受けても恩恵をもって報いる』

難《かた》きことを其《そ》の易《やす》きに図《はか》り、大《だい》を其の細《さい》に為す。天下の難事は必ず易きより作《おこ》り、天下の大事は必ず細より作る。是《ここ》を以《もっ》て聖人は終《つい》に大を為さず。故《ゆえ》に能《よ》く其の大を成す。〔六十三章—②〕

『難事は、〔まだむずかしくならない〕容易のうちに対策を講じ、大事は、〔まだ大きくならない〕細事のうちに処理する。世の難事は、必ず容易なところから生じ、世の大事は、かならず些《さ》細《さい》なところから生ずる。そこで聖人は、〔難事大事を芽生えのうちに摘み取ってしまうので〕ついに大事をなすことがない。だからこそ大を成すことができる』

夫《そ》れ軽諾《けいだく》は必ず信寡《すくな》く、易《やす》しとすること多ければ必ず難《かた》きこと多し。是《ここ》を以《もっ》て聖人は、猶《な》お之《これ》を難しとす。故《ゆえ》に終《つい》に難きこと無し。（六十三章—③）

『いったい安請け合いには、世間の信用も薄い。たやすいことと見くびれば、必ず困難にぶつかる。そこで聖人は、たとえ容易なことであっても難事と考えて慎重に対処する。だから聖人には困難なことがないのだ』

上文のうち、先人の解釈でもっとも問題となるのは、「小を大とし、少を多とす」（大レ小多レ少）の句である。この句は、明らかに「怨《うら》みに報いるに徳を以《もっ》てす」（報レ怨以レ徳）と対《つい》をなすと思われるが、いま、「報怨以徳」の句を、もっぱら寛容の徳を示すとのみ解する場合、「大小多少」の句は、「小事をも大事とし、少事をも多事とする」という文字どおりの解釈では通じない。そこで、「小には大を与え、少には多を与える」というような補足を加え、寛容の徳をいう次句との対応をはかることが必要となる。しかし、六十三章の全般的論旨は、大禍の起こるのを小禍のうちに摘み取るという慎重な処世のあり方を述べるものである。この点からすれば、「報怨以徳」の句も、むしろその線に沿って解すべきである。つまりこの句は、「怨みに対してさえも恩恵をもって報いる」ということであって、それは、どのような事情があるにせよ、絶対にもめごとを起こさないための配慮を示すものなのである。そして、このように考えるとすれば、「小を大とし少を多とする」の句も、原文のままで無理のない解釈が可能となるであろう。

なお、上文に関連して次のような文が見える。

大怨《たいえん》を和するも、必ず余怨《よえん》有り。安《なん》ぞ以《もっ》て善と為《な》すべけんや。（七十九章）

『大怨を和解させたとしても、かならずそのあとにしこりが残るものだ、それではほんとうに善処したとはいえまい』ということである。このように述べる老子の意図は、すでに大怨が結ばれてしまった段階ではどうにも手の打ちようがない、大切なことは、はじめから怨《うら》みを結ばぬようにすることだ、というにあった。「怨《うら》みに報いるに徳を以《もっ》てす」の句は、上述したように世に行われていた諺を引用したものと考えられるが、この句を引用した老子の意図は、何よりも怨みを結ばぬ用心に出るものだったのである。なお七十九章については、第五章の3で詳論する。

10　柔弱が剛強に勝つ（三十六章・七十六章・七十八章）

この句は題下に示す三章に見えるが、三十六章は権謀術数《けんぼうじゅつすう》の言であって『老子』にふさわしくない。ここでは、あとの二章について述べることとし、まず七十八章からはじめよう。

天下に水より柔弱なるは莫《な》く、而《しか》して堅強《けんきょう》を攻むる者、之《これ》に能《よ》く勝《まさ》るもの莫し。其《そ》の以《もっ》て之に易《か》うるもの無きを以てなり。（七十八章―①）

『天下に水ほど柔らかく弱々しいものはないが、それでいて堅強な敵を攻めるとなると、水に勝るものはない。それというのも、何物もその本性を変える（水を逆行させる）ことはできないからである』

ここに「堅強を攻める」とは、敵国を攻略するについて、いわゆる「水攻め」が有効であることから想起された句であるらしい。戦国の世に「水攻め」の行われていたことを示す実例としては、たとえば『戦国策』燕策《えんさく》二に次のような記事が見える。

折しも秦《しん》は張儀《ちょうぎ》の連衡策を採用し、六国に対して個別に和平屈従の交渉をつづけていた。魏《ぎ》に対しても正式文書を送って屈服を強要したわけであるが、その文中に、「わが軍が魏に攻め入って滎口《けいこう》を決壊させれば、魏に大梁《たいりょう》の都はなくなってしまうであろう。白馬の口を決壊させれば、魏に済陽はなくなってしまうであろう。宿胥《しゅくしょ》の口を決壊させれば、魏に虚《きょ》・頓丘《とんきゅう》はなくなってしまうであろう」とある。もし、言うことを聞かなければ、魏国全土を水びたしにしてやるぞ、という脅迫の言である。「魏氏以《もっ》て然《しか》りとなす。故《ゆえ》に秦に事《つか》う」というのが『戦国策』の文の結びであるが、戦国の世に「水攻め」の盛行していたことを示す好例であろう。

弱の強に勝ち、柔の剛に勝つは、天下知らざるもの莫《な》けれど、能《よ》く行うもの莫し。是《ここ》を以《もっ》て聖人は云《い》う、国の垢《はじ》を受くる、是《これ》を社稷《しゃしょく》の主と謂《い》い、国の不祥《ふしょう》を受

くる、是を天下の王と謂う、と。正言は反するが若《ごと》し。（七十八章—②）

『弱々しいものが強いものに勝ち、柔らかいものが剛《かた》いものに勝つということは、天下に知らぬ人とてないのだが、さて、それを行動に示せる人はいない。そこで聖人はいう、「国家の恥辱を一身に引き受ける人、これを社稷（国）の主といい、国家の不幸を一身に引き受ける人、これを天下の王という」と。真に正しい言葉は、世の常識とは反対のように聞こえるものである』

柔弱が剛強に勝つという独特の処世論を、水をたとえとして述べる。そして次には、かくも明白な原理を実行する人のいない現状を慨嘆するが、言うまでもなく、慨嘆の対象は世の君主である。「国の恥辱と不幸とを一身に引き受ける人、それがまことの王者だ」という言葉は、富国強兵を事とし、ひたすらに栄光の座を追い求めている世の君主を痛烈に批判するものである。

「垢」は詬（はじ）に通じて、恥辱の意。「社稷《しゃしょく》」の「社」は土地神、「稷」は穀物神。古代の国々には、社と稷を祀る祭壇があり、国王が祭りを主宰した。それは国のある限り続いたことから、転じて国家の意となる。「不祥」は不幸。「正言若反」は恥辱や不幸を臣下に押しつけ、栄光だけを独り占めするのが世の君主の常であることを踏まえての言である。

さて、次には七十六章について略説しておこう。

人の生《うま》るるや柔弱、其の死するや堅強。万物草木の生ずるや柔脆《にゅうぜい》、其の死するや枯槁《ここう》。故《ゆえ》に堅強なる者は、死の徒なり、柔弱なる者は、生の徒なり。是《ここ》を以《もっ》て兵強ければ則《すなわ》ち勝たず、木強ければ則ち折る。強大は下に処《お》り、柔弱は上に処る。（七十六章）

『人が生まれたときは柔らかで弱々しいが、死ぬと堅く強《こわ》ばってしまう。万物にあっても、たとえば草木が生え出たときは柔らかでもろいが、枯れると乾いてかさかさになってしまう。つまり堅強であるものは死の仲間であり、柔弱であるものこそが生の仲間なのである。

このようなわけで、軍隊が強大を誇っているときには勝てないし、樹木が〈しなやかでなく〉堅強であれば折れやすい。強大なものは下位にあり、柔弱なものは上位にあるのだ』

本章は、人の死生、草木の生態など、自然界の事象にちなんで柔弱の優位を説く。ただ、前半に柔弱は生、堅強は死という構図で説くことは一応納得できるとしても、「是《ここ》を以《もっ》て」以下の文中にいう「兵強ければ則《すなわ》ち勝たず」は、通解に記すような補足を加えなければ通ぜず、また末尾の一句、「強大は下、柔弱は上」が、王弼《おうひつ》のいうように樹木にかかわる論とすれば、下は根、上は枝葉を指すことになろう。これは、地下にあって重厚を持する根に対して思い入れをもつ老子の立場とは異なる。不出来な一章といえよう。

次に七十八章と同じく水にかかわる柔弱論として四十三章を紹介しておこう。

天下の至柔《しじゅう》は、天下の至《し》堅《けん》を馳《ち》騁《てい》す。無有は無間《むかん》に入る。吾《わ》れ是《ここ》を以て無為の益有るを知る。
不言の教、無為の益は、天下之《これ》に及ぶもの希《まれ》なり。（四十三章）

『天下で最も柔らかいものが、天下で最も堅いものを思いのままに走らせる〔たとえば、水が岩石をも押し流すように〕。定まった形を持たないものが、隙間のないところにも入りこむ〔たとえば、水がどこにでも浸みこんでいくように〕。私は、このことによって、〔柔弱を持し、形にとらわれることのない生き方、つまり〕無為の処世が、いかに有益であるかを知った。物いわぬ教え、無為を持することの効用、これに匹敵するものは天下にも希《まれ》である』

ここに水の語は見えないが、これを水に関する文と解することは定論である。水の柔弱・無定形をいうことから無為を導き出しているのは、いささか唐突《とうとつ》の感もあるが、すべては「道」の無為の属性ということなのである。

さて、本項のはじめに「柔弱は剛強に勝つ」という句の見える三つの章のうち、三十六章は『老子』にふさわしくない内容であるとして、一応除外しておいた。本項を結ぶに当たって、参考までに略説しておこう。

将《まさ》に之《これ》を歙《ちぢ》めんと欲せば、必ず固《しばら》（姑）く之を張れ。将に之を弱めんと欲せば、必ず固く之を強くせよ。将に之を廃《はい》せんと欲せば、必ず固く之を興《おこ》せ。将に之を奪わんと欲せば、必ず固く之に与えよ。是《これ》を微明《びめい》と謂《い》う。柔弱は剛強に勝つ。魚は淵《ふち》を脱すべからず。国の利器は、以《もっ》て人に示すべからず。（三十六章）

『相手を縮めてやろうと思うなら、しばらくは膨《ふく》れるままに任せておくことだ。弱めてやろうと思うなら、しばらくは強くなるのに任せておくことだ。衰微させようと思うなら、しばらくは興るに任せておくことだ。奪い取りたいと思うなら、しばらくは、こちらから与えることだ。以上を微明（表には見えない奥深い英知）という。柔弱が剛強に勝つというのもそれである。

魚（君主）は淵（権勢）に潜んでおればこそ安全、そこを離れてはならない。君主たるもの、国政の利器（賞罰の二権）は心中に秘めて、滅多なことで臣下に示してはならない』

以上から知られるように、三十六章の前半は従（縦）横家（蘇秦・張儀等の一派）の説く権謀術数の論であり、後半は『韓非子《かんぴし》』に見える人臣統御の術である。

本来は超俗的な趣さえあった老子の思想は、戦国末期になると、ともすれば、法家、兵家、従横家などの現実的思想と交渉をもつようになったらしい。「無為にして、而も為さざるは無し」という命題は、ともすれば、最小の努力によって最大の効果を収めるという、現実的要請にこたえる理論ともされたのである。

「柔弱が剛強に勝つ」というスローガンは、老子の言葉として有名であるが、これが

『老子』に登場してくるのは、形成の最終的段階のことであったと思われる。六十七章から七十九章に至る十三の章は、種々の根拠に照らして実は最もおくれて作られた章であることも留意されるからである。

第四章　無為の治

1　大上は下《しも》、之《これ》有るを知るのみ（十七章）

老子は、権力によって民を縛りつける法家政治に反対するとともに、儒家の仁政にもまた反対している。法家政治が、上からする強圧の政治であることはいうまでもないとして、儒家の仁政もまた、上からするお情けの押し売りだ、と考えるのである。この句は、『最上の治政は、下々の者が君主の存在することを知るだけだ』ということであって、老子のいう放任無干渉の政治の極致を示す言葉として知られる。

この句に始まる十七章の全文は次のとおりである。

大上《たいじょう》は下《しも》、之《これ》有るを知るのみ。其の次は親《したし》みて之を誉《ほ》め、其の次は之を畏《おそ》れ、其の次は之を侮《あなど》る。信足らざれば、焉《ここ》に信ぜられざること有り。猶《ゆう》として其の言を貴《おも》んずれば、功成り事遂げて、百姓《ひゃくせい》は皆《みなわ》我れ自《おのず》ら然《しか》りと謂《い》わん。（十七章）

『最上の君主は〔ことさらな政治をしないので〕、民は君主の存在することを知るだけである。次善の君主は〔仁政を行うので〕、民は親しみ誉《ほ》め称《たた》える。その次の君主は〔厳格な政治を行うので〕、民はその君主をおそれる。最低の君主は〔乱雑な政治を行うので〕、民はその君主を馬鹿にする。

君主に誠実さがなければ、民に信用されなくなる。口出しすべきか否か、ためらいがちにその言葉を慎重にしていれば、民のそれぞれが所を得ても、民のすべては〔だれのお陰でもない〕、自分はひとりでにこうなった、と思うであろう』

前半は、四段階の君主像を述べる。最上とされるのは、いうまでもなく老子の理想とする君主像で、「民は君主の存在することを知るだけ」というのは、別言すれば、治められていることを意識しない、ということである。次に「親みて之を誉める」とされるのは、儒家の理想とする君主像、その次の「畏れる」とされるのは法家的君主、最低は、民に侮られる暗愚の君主、と続く。

後半は、最上の君主の政治のさまを記す。無為の治、不言の教を標榜《ひょうぼう》する聖人の治政において、言葉で諭《さと》したり、命令することは、信義に反する行為である。しかし、現実政治の場において、まったく言を発することなく済ますわけにはいかない。ためらいながら、その言葉を慎重にするとは、こうした状況をいうのであろう。なお、結末の句は、世が治まり、民がそれぞれに所を得ても、民はそれが聖人の絶妙な統治のおかげであることに気が付かないさまをいう。まさに「君主の存在することを知るだけ」というわけである。

天下の統治につとめながら、そのさまを民に知られることもなく、したがって民に感謝されることもない。それは、日々に造化の大業を成し遂げながら、万物はそれを恩恵として感ずることもない「道」のはたらきと完全に一致する。老子の説く無為の治はさまざまであるが、本章はその極致を述べるものといえよう。

「大上は下《しも》、之《これ》有るを知るのみ」の原文は、「大上下知レ有レ之」であるが、テキストによっては、「下」が「不」字になっており、その場合の読み方は、「大上は之有るを知らず」となる。つまり、最上の治政では、人民は君主の存在することさえ知らない、というのである。「存在することを知るだけだ」より一段と進んでおり、無為の治の極致をいう句としては、このほうがおもしろい。しかし、「下」を「不」に作るテキストはきわめて少数なので、参考としてあげるにとどめる。

◉ここに思い出されるのは、有名な「鼓腹撃壌《こふくげきじょう》」の物語である。

むかしのこと、堯《ぎょう》という天子がいた。長年天子として政務に当たってきたが、はたして天下はうまく治まっているのか、民は自分の政治を喜んでいるのか、奥深い宮中のなかではわからない。そこで、ある日のこと、おしのびで民情の視察に出かけた。すると一人の老人が鼓腹撃壌（腹鼓《はらつづみ》を打ち、足で地を打って拍子を取ること、喜びの表現とされる）して、次のように歌っていたという。

日出《い》でて作《お》き、日入りて息《いこ》う
井を鑿《ほ》りて飲み、田を耕して食らう
帝力何ぞ我に有らんや

歌の意味は、「毎朝、日が出ると野良に行く。日が沈むと家に帰って休息する。井戸を掘って水を飲み、田を耕して〔五穀を作り〕腹を満たす。〔私は、子供のときから老いの身に至るまで、こうした平凡な日常生活をくり返し過ごしてきただけのことだ〕。してみると、天子さまのお力など、われわれに何のかかわりがあるというのだろう、何のかかわりもないではないか」ということである。

この話は、「大上は下《しも》、之《これ》有るを知るのみ」の思想を体して作られている。堯帝《ぎようてい》による「無為の治」は完璧《かんぺき》に行われていた。だからこそ老人は、「帝力何ぞ我に有らんや」と歌ったのである。

堯帝といえば、一般には次の舜帝《しゆんてい》とともに、堯・舜と称して儒家が理想として仰ぐ聖天子である。その堯帝が「無為の治」の極致を示したというのがこの話であって、その点、仁政をもって鳴る一般の堯帝像とはイメージを異にしている。この話は六朝《りくちよう》時代、老荘思想の盛んであったころ、道家風に仕立てなおされた堯帝の物語である。この話はそのころに作られた『帝王世紀』という書が典拠である。しかし、この書は現在に伝わらず、むしろ元代に作られた『十八史略』が堯帝の事績としてこの話を載せている。この『十八史略』という書は、俗書であるとして中国では見向きもされなかったが、日本では、江戸時代から中国の歴史を学ぶための必読書とされており、現在なお愛読者が多い。とくにこの物語は、旧制中学・高校の漢文教科書にも採録されていたので、高齢の方にはご存知の向きも多いことと思う。

ところで、「大上は下、之有るを知るのみ」という句は、民が天子の権勢はもちろん、恩恵をも意識しない政治のありさまである。絶大な恩恵を被らせながら、その恩恵を恩恵として意識させない政治は、まさに「無為の治」の極致であり、政治の芸術品といってよいであろう。上記の老人が、「帝力何ぞ我に有らんや」と歌ったとき、堯帝の政治は、まさにそのようであったのである。

2　大国を治むるは、小鮮を烹《に》るが若《ごと》し（六十章）

「鮮」は生魚《なまうお》のこと。小魚を煮る場合、煮えぐあいをしらべようとして、裏返したり、箸《はし》でつっついたりすることは禁物である。そのようなことをすれば、煮える前に魚の身は崩れてしまう。煮え上がるまで、そのままにしておくことが、魚を上手に煮る秘訣《ひけつ》である。

国を治めるのもこれと同じであって、煩《わずら》わしい法律や厳しい政令で人民を拘束するより、むしろ放任しておいたほうがよい。これが上文の趣旨である。放任無干渉を本旨とする無為の治の要諦《ようてい》を、魚の煮方というきわめて日常的なたとえによって、たくみに説くものといえよう。『老子』における数多い名言のなかでも、白眉《はくび》をなす名言として知られる。

「大国を治むるは、小鮮を烹《に》るが若《ごと》し」の句は、確かに言い得て妙であり、論旨も明快である。しかし、六十章で論旨明快なのはこの一句だけで、以下の文はどうもわかりにくい。そこで次には、もう少し立ち入って無為放任の政治を説く文として、五十七章の考察に移ることとしよう。ただし、前文はここでは略す。

天下に忌諱《きき》（禁令）多くして民弥《いよ》いよ貧し。
民に利器多くして国家滋《ます》ます昏《くら》し。
人に伎巧《ぎこう》多くして奇物滋ます起こる。
法令滋ます彰《あき》らかにして盗賊多く有り。（五十七章―①）

「天下に忌諱《きき》多くして民弥《いよ》いよ貧し」。「忌諱」はタブーのことであるが、ここでは民の日常生活、生産活動を拘束するさまざまな禁令のこと。それの繁多なことは、民を貧窮に追いやるとする。

「民に利器多くして国家滋《ます》ます昏《くら》し」。「利器」は、いわゆる文明の利器の意。便利な道具は確かに生産の増強には役立つが、反面それは、人のあくなき欲望をかき立て国家を混乱に導く原因となる、と老子は考えていた。

「人に伎巧《ぎこう》多くして奇物滋ます起こる」。「奇物」は、実用を離れていたずらに珍奇をこらした器物・道具のこと。工人の技巧が向上するにともなって、こうした器物が流行し、世をあげて奢侈《しゃし》に走ることを戒める句である。

「法令滋ます彰《あき》らかにして盗賊多く有り」。「法令が整備すると盗賊がふえる」とする論理はいささか突飛《とっぴ》であって、人の意表をつく逆説的効果をねらっての発言であることは事実である。しかし、老子の言いたいことは、以下のような点にあった。

まず、「盗賊」の語について。いったい『老子』には、しばしば盗・盗賊の語が見えるが、それは、もっとも一般的な犯罪として、いわば犯罪を代表する意味であるらしい。ここでもそのように解しておく。一方、「法令」はどんなに厳しく設けても、必ずそれをくぐり抜ける悪知恵が出てくる。そこで、それに対応するために、また別の法令が必要となる。すると、また新たな悪知恵が生ずる。かくて法令と犯罪とは互いに競合して果てしない泥沼に陥ることになる。老子の懸念はこの点にあり、それを示したのが本句である、と考えられるのである。

さて、上文につづいて五十七章は、さらに次のようにいう。

故《ゆえ》に聖人云《い》う、我《われ》無為にして民は自《おのずか》ら化し、
我《われ》静を好んで民は自ら正しく、
我無事にして民は自ら富み、
我無欲にして民は自ら樸《ぼく》なり。(五十七章—②)

ここに「聖人」とは、くり返し述べてきたように「聖王」の意である。上古において無為の治を成就した聖王の言葉に託して、「無為の治」の要諦《ようてい》四ヵ条が、ここに記されているわけである。

この四条は、形式的には並列であるが、実質的には、第一条は総論、あとの三条は各論、という関係にある。まず、理想的な帝王のあり方として、「無為」「好静」「無事」「無欲」の四条をあげるが、根本となるのは「無為」であって、あとの三条は要するにその属性である。

一方、民のあり方として「化」「正」「富」「樸《ぼく》」と並ぶが、「民が化する」というこ

とは、理想的な政治のさまを示すもっとも典型的な用語であって、以下の正・富・樸は、その具体相を示すものといってよい。儒教では「民を教化する」というが、天子の教を退ける老子では、ただ「化」といえばよい。三十七章に、「道は常《つね》に無為にして、而《しか》も為《な》さざるは無し。侯王若《も》し能《よ》く之《これ》を守らば、万物（民）将《まさ》に自《おのずか》ら化せんとす」とあったことを想起されたい（第二章の6）。

そこで、次に各論としての三条について一言しておこう。

「我《われ》静を好んで民は自《おのずか》ら正し」。「静」とは、じっとしてむやみに動かないこと。重厚な態度を持して軽挙妄動せず、それでいて大局を達観し、天下の動向を的確に把握することである。天子が「静」を持して、目に見えない手綱《たづな》をしっかり押さえていれば、民はおのずと「正」となる、というのがこの句の意味だと思われる。

「我無事にして民は自《おのずか》ら富む」。「無事」とは、「無為」の語が、心のあり方まで含めて広義であるのに対して、具体的な行為についてだけいう。ここでは放任主義の政治のことであって、さきに、「天下に禁令が多いと民は弥《いよ》いよ貧しくなる」とあったが、それと同じことを逆に表現しているのである。

「我無欲にして民は自ら樸《ぼく》なり」。君主自身が無欲であれば、おのずからにして民も無欲となり、質朴となる、ということである。前段の二・三条は、利器・技巧の多くなることを論難するものであったが、これに歯止めをかけるのは、何よりも君主自身の無欲にあることからすれば、本条はそれに対応する意味もあるのであろう。

かくて老子のいう無為の治とは、もっとも具体的には政事・法令を簡素化して、上からする拘束をできるかぎり少なくするということである。放任無干渉という観点からすれば、まさに当然のことであり、「大国を治むるは小鮮を烹《に》るが若《ごと》し」の句の実質も、この点にあるといってよい。

一方、無為の治の行われる前提として民の純朴が必須であるが、それには君主自身の無欲が要請されるのである。

3　智を以て国を治むるは国の賊《わざわい》（六十五章）

「無為の治」の一つとして、民を無知ならしめよ、という主張がある。いったい老子において「知」は、常に欲・詐偽《さぎ》とからみあうものであった。知と欲とは、両者あいまって世を混乱に導くものである、と老子は考えるのである。三章と六十五章とは、とくにその趣旨を説くものであって、まず、標題の句を含む六十五章から述べることとしよう。

古《いにし》えの善《よ》く道を為《な》す者は、以《もっ》て民を明らかにするに非《あら》ず。将《まさ》に以て之《これ》を愚にせんとす。民の治め難きは、其《そ》の智《ち》多きを以てなり。（六十五章―①）

『大昔、善く無為の「道」を実践した人（聖王）は、それによって人民を聡明《そうめい》にしたのではなく、それによって民を愚にしようとした。いったい人民が治めにくいのは、彼らの知恵が多すぎるからである』

このように治政の要諦《ようてい》は民を愚にすることにあると断定する老子は、さらに言葉を継いで次のようにいう。

故《ゆえ》に智《ち》を以《もっ》て国を治むるは、国の賊《わざわい》（禍）なり。智を以て国を治めざるは、国の福《さいわい》なり。此《こ》の両者を知るも亦《ま》た稽式《けいしき》（法則）なり。常《つね》に稽式を知る、是《これ》を玄徳と謂《い》う。玄徳は深いかな。遠いかな。物と反せり。然《しか》る後《のち》に乃《すなわ》ち大順に至る。（六十五章―②）

『だから、知恵によって国を治めることは、国家にとっての禍《わざわい》であり、知恵によって国を治めないことは、国家にとっての福《さいわい》である。以上の二つのことをわきまえるのは、やはり、治政のための法則である。いつでもこの法則をわきまえていること、それを玄徳、すなわち霊妙不可思議な徳という。玄徳は、まことに奥深く、また高遠であって、世の常識とは正反対のようであるが、これによってこそ、ほんとうの帰順(民の帰服)をもたらすことができるのだ』

くり返し述べてきたが、『老子』にいう「徳」とは、「道」のあり方が人の身についた状態をいう。「玄徳」の徳もその意味であって、それが人の思慮分別を絶するものであることから、「玄徳」と称する。「大順」の大は、これも何度か述べたように大小を超えた大であって、世間一般にいう順応・帰服を超えた、「道」の立場における順応・帰服ということである。

「愚民政治」という言葉がある。民を無知蒙昧《むちもうまい》の状態におくことによって、為政者への批判が行われないように仕向け、独裁的な政治を行いやすくすることである。本章の政治論は、一見それを思わせるものであるが、しかし老子の意図はまったく異なる。人々がさかしらな知恵を弄《ろう》して、要路者に取り入ったり、他人を陥れたり、という当時の状況にあって、それは必須の政策であった。無為の治を実現させるためには、何としても民の純朴さを取り戻すことが必要だったのである。

其《そ》の政悶々《もんもん》たれば、其の民淳々《じゅんじゅん》たり。
其の政察々《さつさつ》たれば、其の民欠々《けつけつ》たり。（五十八章の一節）

「悶々《もんもん》」は一般的にいうと、もだえる、うれえる、ということであるが、また、混然として分別のないさま、ほの暗いさま、をいう。ここは後者の意である。「察々」は明らかなこと。「欠々」は、欠けたる思いで、常に何かを求め、こせこせするさま。『その政治が大まかでぼんやりしていると、民は純朴となる。その政治がきめこまかく、てきぱきとしていると、民は世知辛くずる賢くなる』ということである。これから知られるように、老子は、為政者に対しては「悶々」の政治を求めている。民の純朴も、それによって期待できる、というのである。

老子のいう無為の治には、民を無知純朴の状態におくとともに、君主の周辺にある賢者の封じ込めを説く三章がある。

賢を尚《たっと》ばざれば、民をして争わざらしむ。得難きの貨を貴《たっと》ばざれば、民をして盗を為《な》さざらしむ。欲すべきを見《しめ》さざれば、民の心をして乱れざらしむ。（三章—①）

『君主が賢能の士を尊重することをやめれば、民の間に知を争うことがなくなる。得難い財貨を貴《たっと》ぶことをやめれば、民の間に盗人はいなくなる。人の欲望をそそるような物を見せなければ、民の心を乱すこともない』

老子は、まず、無為の治を行うについて、君主の戒めとすべき三ヵ条をこのように述べ、そのあと引きつづいて具体的な施策を、聖人の治の実例を引いて、次のように説く。

是《ここ》を以《もっ》て聖人の治は、其《そ》の心を虚《むな》しくして、其の腹を実《みた》し、其の志を弱くして、其の骨を強くす。常に民をして無知無欲ならしめ、夫《か》の智者をして敢えて為さざらしむるや、則《すなわ》ち治まらざること無し。（三章—②）

＊末尾の句、底本を含む通行本は「為無為、則無不治」であるが、帛書により傍点の三字を削った。民の無知無欲と賢者の封じ込めとを国家統治の条件とする趣意からすれば、三字は不要である。

『そこで聖人（聖王）の治め方は、〔民があれこれ思案することのないよう〕その心を虚《から》っぽにし、一方腹は充実させる。〔民がなまじの野心を抱かぬよう〕その志を弱め、一方骨は頑丈にさせる。常に民を無知無欲の状態におき、また知者たちに能力を発揮させないようにすれば、治まらないことはないのだ』

さて、第三章の前後段を通覧して気づくことは、はじめに「賢者を退けよ」とする主張があり、末尾は「知恵者が動きようもないように仕向ける」という句で結ばれていることであって、本章の大旨はこの点にあるように思われる。もちろんその中間にあるのは、民を無知無欲ならしめよという趣旨の論であって、本章がこの点を強く主張していることも確かである。しかし、その大旨は、むしろ民を無知無欲の状態におくことにより、賢者・知者の活動を封じこめよと説くにある。

「其《そ》の心を虚《むな》しくして、其の腹を実《みた》し、其の志を弱くして、其の骨を強くする」ということは、民を無知無欲の状態に置くことであるが、同時にその日常生活を満足させることである。これだけの条件がそろえば民は賢者・知者の言葉に耳を貸すこともないし、賢者・知者が君主の政治にくちばしを入れる余地もない、ということなのであろう。してみると、「民を愚にせよ」という主張は、もちろん民を無知無欲の純朴におくということであるが、同時に君主の周辺に介在する賢者・知者の類《たぐい》を一掃せよ、ということであった。別言すれば、尚賢政治の否定ということである。

4　其の雄《ゆう》を知りて、其の雌《し》を守れば、天下の谿《たに》と為る（二十八章）

「雄《ゆう》」は男性的な力強さを示し、「雌《し》」は女性的な柔弱さを示す。「谿《たに》」は谷と同義。ここでは無限の包容力を示す言葉であって、つまり天下の人心の集まる場所の意。『男性的な力強さをわきまえながら、しかも女性的な柔弱の態度を保持していれば、〔谷が天下の万物を包容するように〕天下の谿となって人心を集めることができる』ということである。結局は「其の雌を守る」という柔弱謙下《けんか》の徳を説く言葉であるが、その前提として、「其の雄を知る」とあることに注意しなければならない。

老子の思想は、往々にして弱者を擁護し、敗北者を慰める趣旨と考えられている。しかし、それはまったくの誤解であって、むしろ強者、あるいは強者たらんとする人に対する訓戒を第一義とするものである。剛強に振舞おうとすれば振舞える人、つまり世の君主に対して、あえて柔弱を持することをすすめる、それが老子のいう柔弱謙下の主たる目的である。この句は、まさにそのことを示すものといえよう。

この句に始まる三節には、既出の雌・谿のほかにも谷・嬰児《えいじ》・樸《ぼく》など、「道」の柔弱謙下を象徴する重要な言葉が頻出する。そこで、次にその全文を示し、簡単な解説を加えておこう。なお二十八章には、さらに後続の文があるが、三節とは関係がないのでここでは省略する。

其《そ》の雄《ゆう》を知りて、其の雌《し》を守れば、天下の谿《たに》と為《な》る。天下の谿と為れば、常徳離れず、嬰児《えいじ》に復帰す。其の白《はく》を知りて、其の黒《こく》を守れば、天下の式《しき》と為る。天下の式と為れば、常徳忒《たが》わず、無極に復帰す。其の栄《えい》を知りて、其の辱《じょく》を守れば、天下の谷と為る。天下の谷と為れば、常徳乃《すなわ》ち足り、樸《ぼく》に復帰す。（二十八章の前半）

以上の三節がほとんど同旨であることは、一見して明らかである。まず、「雄《ゆう》」「白《はく》」「栄《えい》」は、いずれも剛強なるものを示し、これに対して、「雌《し》」「黒《こく》」「辱《じょく》」は、いずれも柔弱なるものを示している。次に「天下の谿《たに》」「天下の谷」は、上述したように天下の人心の集まるところの意であり、「天下の式《しき》」は、天下の人の手本の意であって、式は谿・谷と対応する。要するに三節の前段は、剛強の世界をわきまえながら、あえて柔弱を守ることによって、天下の人心を集め、また、天下の人の手本となる、という趣旨を、表現を変えてくり返し述べているのである。

以上のように三節の前段は、「天下の谿・式・谷と為《な》る」の句で結ばれるが、次に後段は、それぞれこの句を初句として、このようであれば「常徳」と一体となり、「嬰児《えいじ》・無極・樸《ぼく》」（道）に立ち返ることができる、と説く。なお「谿」の本義は水のない谷であるが、ここでは同じ文字の使用を避けたまでのことである。

「常徳」とは、恒久不変の「道」を体得した状態。「嬰児」は、柔弱・無知・無欲の最たるものとして、老子は、これを「道」の象徴として貴《たっと》ぶ。「無極」は「道」の無限性についていう語。「樸」は森林から伐採されたままの素材のこと、つまり、用途に応じて製材される前の状態であって、人の生まれ落ちたままである嬰児とともに、老子は、これを「道」の象徴とする。要するに、嬰児・無極・樸の三者は、この場合、いずれも「道」に置き換えられる言葉であって、「道」に立ち返るとは、「道」と一体となること、つまり聖王として天下に君臨するさまを暗示している。

以上は世の君主に対しての教訓であって、君主たる者、その剛強（権勢）を内に隠して柔弱謙下による施政を事とせよ、そうすれば、天下の人心を集めて天下に王たることも可能となろう、という趣旨を述べているのである。

◉話題は少しずれるが、「嬰児」の語が出てきたついでに、もっぱらそれを論じている五十五章に注目しておこう。

徳を含むことの厚きは、赤子《せきし》に比す。蜂蠆虺蛇《ほうたいきだ》も螫《さ》さず、猛獣も拠《よ》らず、攫鳥《かくちょう》も搏《う》たず。骨弱く筋《すじ》柔らかくして握ること固し。未《いま》だ牝牡《ひんぼ》の合を知らずして峻作《さいた》つは、精の至りなり。終日号《な》いて嗄《か》れざるは、和の至りなり。（五十五章の前半）

『徳を内に深く蓄えている人は、たとえていえば赤ん坊のようなものである。赤ん坊には、蜂《はち》やさそりや毒蛇も螫《さ》さず、猛獣も爪をかけず、猛禽《もうきん》もつかみかからない。骨は柔らかいが、握りしめることは固い。まだ、男女の交わりを知らないが、性器の立っているのは、精気（生命力）充溢《じゅういつ》の極致といえよう。一日中号《な》きつづけてもいっこうに嗄《か》れないのは、陰陽調和の極致といえよう』

生まれたままの純朴を持して無知無欲である赤子を厚徳の人に擬することはわかる

として、次の猛獣毒蛇も害することがないとはどういうことであろうか。五十章に「生きることに執着しない人は、陸行しても兕《じ》（犀《さい》の一種）虎《こ》に遇わず、戦陣にあっても身に甲冑《かっちゅう》をつけない」とあることから推《お》すと、赤子のおそれを知らないさまを象徴的に述べたものと思われる。

「峻《さい》」は男性の生殖器のこと。「全」に作るテキストが多いが、同音の借字であって意味に変わりはない。「号」は、号泣、大声で泣くこと。「終日号《な》きつづけても嗄《か》れない」ことを「和の至り」とするのは、陰陽二気が調和を保つことによって、森羅万象のすべてがところを得、正常な活動がつづけられる、ということを根底にふまえて、赤子の健常なさまをいう。

なお、このあとに「和」を解説する文が続くが、赤子の論とはつながらないので省略する。

5 江海の能《よ》く百谷《こく》の王たる所以《ゆえん》は、其の善く之に下るを以てなり（六十六章）

『大河や海が、百川の水を集めて帝王然としていられるのは、〔低地にいて〕上流の小川にへりくだるからである』ということ。単に「江」といえば、一般には長江（揚子江）を指すが、ここでは漠然と大河のこと。「谷」は、ここでは山間を流れる川の意で、小川のこと。江海は帝王を、百谷は天下の民を暗示している。
世の為政者は、人民に対しては常にへりくだることを旨とせよ、そうすることによっておのずから民の帰服を得ることができるのだ、という意味がこの文にはこめられている。柔弱謙下の処世論を政治の場に適用するものであって、上から押しつけるのではなくて、下からする自然発生的な推戴《すいたい》に期待する。放任無干渉を本旨とする政治論とは異なるが、これも一種の無為の治といってよいであろう。

江海の能《よ》く百谷《こく》の王たる所以《ゆえん》は、其《そ》の善《よ》く之《これ》に下るを以《もっ》てなり。故《ゆえ》に能く百谷の王と為《な》る。是《ここ》を以て民に上《かみ》たらんと欲すれば、必ず言を以て之に下り、民に先んぜんと欲すれば、必ず身を以て之に後《おく》る。（六十六章―①）

『大河や大海が百川の水（民）を集めて帝王然としていられるのは、それが低地にいて上流の小川にへりくだっているからである。だからこそ、百川の王となれるのだ。そこで、民の上に立とうと思うなら、必ず言葉を謙虚にし、民の先に立とうと思うなら、必ずわが身を後廻《あとまわ》しにすることだ』

是《ここ》を以《もっ》て聖人は、上に処《お》りて民重しとせず。前に処りて民害とせず。是を以て、天下は推《お》すを楽《ねが》いて厭《あ》かず。其《そ》の争わざるを以て、故《ゆえ》に天下能《よ》く之《これ》と争う莫《な》し。(六十六章―②)

『そこで、柔弱謙下を旨とした古の聖人(聖王)の場合、民の上にいても民は重荷とせず、前にいても民はうっとうしいとは思わなかった。天下をあげて推戴《すいたい》することを心からの願いとして、飽くことを知らなかったのである。

このように聖人は人と争って上に立とうとしたのでないから、天下にはこの人に敵対する者はおらず、帝王の座は安泰だったのである』

「上に処《お》りて民重しとせず、前に処りて民害とせず」とは、とくに、法家的な強権政治を意識する言と思われる。「推《お》すを楽《ねが》う」という句は、前に述べた「大上は下《しも》、之《これ》有るを知るのみ」や「帝力何ぞ我に有らんや」の句と、ニュアンスを異にしているが、心底からおのずからにわき出てくる「推戴せずにはおられない」という民の心情を示すものとして、これも「無為自然」のあり方と矛盾するものではない。無為の治の論説としては、むしろこのほうがわかりやすいようである。

さて、上《かみ》がへりくだることによって下《しも》の信頼を得るとする発想は、べつに大国と小国との関係についても適用されている。次の六十一章がそれである。

大国は下流なり。天下の交《こう》なり、天下の牝《ひん》なり。牝は常に静《せい》を以《もっ》て牡《ぼ》に勝ち、静を以て下《くだ》ることを為《な》す。（六十一章—①）

『大国は、河にたとえていうと広大な下流のようなものであって、そこはすべての小川（小国）が注がれる天下の交流どころであり、すべての牡《おす》（小国）が慕い寄る「天下の牝《めす》（盟主）」にたとえられる。牝（大国）は常に静を持することによって、牡（動的な上流、つまり小国）に勝つことができる。それというのも静を持して下流に位置するからである』

「天下の牝《ひん》」は、二十五章にいう「天下の母」（一一一頁）と同義。牝《めす》が牡《おす》に勝つとするのは、柔弱が剛強に勝つとする論と同じである。

故《ゆえ》に大国、以《もっ》て小国に下れば、則《すなわ》ち小国を取る。小国、以て大国に下れば、則ち大国に取らる。

故に或《ある》いは下りて以て取り、或いは下りて而《しか》も取らる。大国は人を兼ね畜《やしな》わんと欲するに過ぎず。小国は入りて人に事《つか》えんと欲するに過ぎず。夫《そ》れ両者、各《おの》おの其《そ》の欲する所を得んとせば、大なる者、宜《よろ》しく下ることを為《な》すべし。（六十一章—②）

『そこで、大国が小国にへりくだれば（謙虚であれば）、小国の信頼を得、小国が大国にへりくだれば（従順であれば）、大国に容《い》れられる（大国の保護を得る）。つまり大国も小国もへりくだることによって、それぞれの目的を達成することができるのだ。いったい大国の願いは、他国の人をあわせて養いたいというだけのことであり、小国の願いは、大国の傘下にはいってその君に仕えたいというだけのことである。大国と小国とが、それぞれその望みを遂げようとするなら、まず大国が、へりくだることをなすべきである』

「へりくだる」ことによる効用が、ここでは大国・小国の両者について説かれている。世の常識でもある「小国のへりくだり」を、老子がことさらな形で説く場合、その「へりくだり」の内容が問題となるが、ここでは「恭順の意を明らかに示す」ことと解しておく。へりくだることによって、大国はおのずからにして小国の帰服を得、小国は頼みとすべき大国の支持を得る。老子は、この両者があいまって天下の平和的統一が実現する、と考えているのである。しかし、結句によって知られるように、主たる論旨は大国のへりくだりを説くにある、と解すべきであろう。その意味で本章もまた、上《かみ》のへりくだりによって下《しも》の帰服を得るという構想に出るものといってよい。

大国・小国相互のあり方に関する老子の所説は、実は『孟子《もうし》』梁恵王下篇に見える同旨の論を模したものと思われる。同篇に、斉《せい》の宣王が「隣国と交わるに道ありや」と問い、孟子が答える文を載せるが、その孟子言は、まさに大国と小国との交わり方を論ずるものであり、その内容が老子言と酷似することに留意されるのである。

さらにいえば、六十六章の論旨には、孟子の王道政治思想の影響が看取される。孟子のいう「仁政」を「柔弱謙下の政治」に置きかえると、そのまま老子言となるように思われるのである。こうした点については、拙著『老子の人と思想』（汲古選書、二〇〇二年九月刊）に収める「老子と孟子——大国・小国の論をめぐって」を参照されたい。

6 小国寡民《かみん》――老子のユートピア（八十章）

老子は、世にいう学問・知識・文明の類《たぐい》をすべて虚飾として退け、また、政治的世界における繁多な法令やもろもろの施策を、いたずらに世を混乱に導くものとして批判する。嬰児《えいじ》のような無知無欲と素朴さこそが、老子の理想を端的に象徴するものであった。その老子が、望ましい社会のあり方を、一つの処方箋《しょほうせん》として示したのが、次に述べる「小国寡民」の理想郷である。

小国寡民《かみん》、什伯《じゅうはく》の器あれども用いざらしめ、民をして死を重しとして遠く徙《うつ》らざらしむ。舟輿《しゅうよ》ありと雖《いえど》も、之《これ》に乗る所無く、甲兵ありと雖も、之を陳《つら》ぬる所無し。人をして復《ま》た縄を結びて之を用いしめ、其の食を甘《うま》しとし、其の服を美なりとし、其の居を安しとし、其の俗を楽しましむ。鄰国《りんこく》相望み、鶏犬《けいけん》の声相聞《きこ》ゆるも、民は老死に至るまで、相往来せず。（八十章）

『〔理想的な統治のためには〕国は小さく民は少ないのがよい。十人百人を統率できる器量の人がいても、その能力を発揮させないようにする。人民には生命を大切にして遠くには移動させないようにする。このようであれば、舟や車があっても、それに乗ることはなく、甲冑や武器があっても、それを並べ立てることはないであろう。人々に〔文字の使用を止《や》めて〕太古さながらに縄を結んで意志を通じさせ、〔たとえまずくとも〕その食物を美味と思い、〔みすぼらしくとも〕その服装を立派だと考え、〔粗末であっても〕その住まいに満足し、〔素朴な〕その習俗を楽しむようにさせる。このようであれば、隣の国は互いに望み合えるくらいに近く、鶏や犬の声が聞こえてくるほどであっても、人々は老死に至るまで、互いに行き来することはないであろう』

本文にいう「什伯《じゅうはく》」は、十・百の意。「什伯の器」については、十・百の器物、すなわちさまざまな道具とする説もあるが、「什伯」はもともと戦陣における部隊の称呼であり、テキストによって「什伯人の器」とあり、最古の写本である「帛書《はくしょ》」にも「人」字が入っていることに留意して、十人百人を統率する器量人の意とした。「結縄《けつじょう》」とは、太古の世、まだ文字のなかったときに、人は縄を結んで互いの意志を確かめあったことをいう。したがって、「之を用いしめ」ということは、端的にいって文字の使用を廃せよ、ということである。

ちなみに中国では、黄帝《こうてい》のときの蒼頡《そうけつ》という人物が、はじめて、鳥の足跡に似せて文字を作ったと伝えられている。黄帝より前の帝王である伏羲《ふっき》は牧畜を教え、神農は農耕を教え、燧人《すいじん》は火食（火を作り、また、煮炊きして食べる）の法を教えた、という。しかし、これらは人が生活を維持するための最小限度の知恵であって、いわゆる文明のなかには入らない。だが、文字の発明ということになると少し事情はちがってくる。あらゆる学問・知識の類は、ことごとく文字を媒介として生ずるからである。

さて、「小国寡民」の説が、理想的社会の一形態として示されていることは確かであろう。ただ問題は、それが「小国」として示されていることであって、というのは、『老子』における政治論のすべては大国の統治をいうものであり、また天下の統一、もしくは統治の法を説くものであると思われるからである。たとえば、

奈何《いかん》ぞ、万乗《ばんじょう》の主にして、身を以《もっ》て天下に軽《かろ》がろしくせん。（二十六章）

天下を取るには常《つね》に無事を以てす。（四十八章・五十七章）

聖人の天下に在るや、歙々《きゅうきゅう》として、天下の為に其《そ》の心を渾《こん》にす。（四十九章）

とあるが、わずか五千数百字の『老子』に、「天下」の語はなんと五十八回も見いだされる。また、『老子』にいう「聖人」は、無為自然の道を体得した理想的人格であるが、同時にそれは実質的に天下を支配する聖王なのであって、その聖人を主語とする文は十数条の多きを数える。こうした事実から推して、『老子』における政治説が天下国家を対象とすることは明らかである。いま、このように考えてくると「小国寡民」の主張は、いささか異質とも思われるのである。

しかし、ここにいう「小国」は、国とは称しているが、叙述の内容からすると実質的には村落である。それは統治機構の最底辺にあって、租税の負担者として国家の財政を支えるものである。その意味で国家は、無数の村落の上に組織されているといえよう。

老子の政治論は、上述したように、天下国家を対象とするものであるが、「小国寡民」の説は、その最末端にあるものとしての村落社会の理想的あり方を述べた文であると解すれば、その矛盾は解消する。つまり、「小国寡民」の説に示される無数の村落を基盤として、その上に天下国家としての無為の治が成立することになるのである。

いったい中国では、いくたびとなく王朝の交替がくり返され、また、上層の政治社会はめまぐるしい転変を重ねてきたが、しかし、最底辺にある村落の構造は、むかしもいまもあまり変わっていないといわれる。少なくとも清《しん》朝末期までは、そのようであったといえよう。とてつもなく広大な領土を支配する歴代皇帝の統治は、それがいかに強大であっても、末端の村落にまで影響を及ぼすことはなかった。太古さながらの純朴さを温存し、現状を維持して変化することを望まない「小国寡民」の世界は、そのまま中国に伝統的な村落の姿であるように思われる。

◉六朝《りくちょう》時代における隠逸の詩人として有名な陶淵明《とうえんめい》に、「桃花源の記」という作品がある。それは外界と隔絶された小社会の中で、純朴を持し、平穏無事の日常を楽しんでいる人々のありさまを叙した作品である。この作品の由来については、近年さまざまな説が行われているが、筆者は、これを「小国寡民」の説を具体化した作品だと考えている。参考までに、次にその大旨を記しておく。

晋《しん》の太元年間(三七六―三九六)、武陵(浙江《せっこう》省)にひとりの漁人が住んでいた。

ある日のこと、上流に舟を進めているうちに、思わずも水路を見失った。すると突然に、桃花の林に出会った。林は川を挟んで数百歩も続き、桃樹のほか雑木は一本とてない。あたりには芳香が漂い、花びらがひらひらと舞い落ちて、えもいわれぬ光景である。うっとりとして漁人は、さらに進んで林の果てまで辿《たど》り着こうとした。やがて、林が水源で尽きると、そこに山があり、小さな洞穴が開いていて、かすかな光がもれてくる気配である。そこで舟を捨て、洞穴に入った。はじめはきわめて狭く辛うじて人が通れる程度であったが、さらに数十歩進むと、突然に前方がからりと開けた。

そこは一面の平地で、どっしりとした家屋、手入れの届いた田んぼ、美しい用水池、その間に点々と桑や竹も植えられている。あぜ道が縦横に通じ、どこからともなく鶏や犬の鳴く声が聞こえてくる。あちこちと往来し、また、耕作している男女の衣装は、他国人のようにまるでちがっていた。また、老人や子供はいかにも楽しげな様子であった。

ある村人が、漁人を見て大いに驚き、どこからおいでかとたずねる。漁人が委細を告げるとその人は漁人を家に連れ帰り、酒の用意をし、鶏を殺して、もてなした。村中の人が聞きつけて馳《は》せ集まり、なんやかやと漁人にたずねた。

そのうちに村人たちは、自身のことを次のように語った。「わしらの祖先は、秦末《しん》の乱を避け、妻子や村人を引き連れて、人里離れたこの絶境に落ち着きました。それからというもの、外に出たことはいっさいありません。というわけで、よそとはすっかり離れてしまいました。いったいいまは、なんという天子さまの御代《みよ》なのでしょうか」と。驚いたことに、ここの住人たちは、秦のあと漢の世となったことさえ知らないのである。まして、魏《ぎ》を経て当今が晋《しん》の世であることを知るわけがない。そこで、漁人は、知るかぎりのことを話してやると、村人たちはいちいち感嘆するばかりであった。

他の村人たちも、それぞれに漁人を家に招き、酒食のもてなしをした。こうして漁人は数日にわたって滞留したあと、辞去することになった。村人は、「どうかわしらのことを外部の人に言わないでほしい」と頼んだ。

村を出ると、もとの舟がみつかった。水流を利して川を下り、家路に向かう途中、ところどころに目じるしをつけておいた。やがて、郡の役所に出頭し、太守に謁見して、以上のくさぐさを申し立てた。太守は部下を派遣し、漁人の案内で例の村落を再訪させた。さきの目じるしを頼りにたずねたが、道を失い、とうとう行けずじまいであった。

南陽に住む劉子驥《りゅうしき》は脱俗の高士である。この話を聞いて喜び、その地を訪れようとした。しかし、いまだ果たせずにいるうちに、病にかかって死去した。そのあと、そこを訪れようとした者はいない。

第五章　その他の有名な言葉

1　天網は恢々《かいかい》、疏《そ》にして漏らさず（七十三章）

「恢々《かいかい》」は広々としたさま。天の法網は広大で目は粗いが、しかしそれでいて、どんな小悪でも見逃すことなく、捕捉してしまう。世間の法網を巧みにくぐり抜けることはできても、天の法網を免れることはできない、ということである。

通行本では、「漏《も》らさず」（不レ漏）を、「失せず」（不レ失）と記しており、「不漏」とするのは唐《とう》の景龍二年（七〇八）、易州の龍興観《りゅうこうかん》に立てられた石刻の『老子』がほとんど唯一の例である。しかし、わが国における諺《ことわざ》として有名なのは、「漏らさず」のほうであり、国語辞典の見出しもこれによっているようである。そこで、『老子』のテキストとしては少数派であるが、これに従うこととした。

なお龍興観とは、唐代に建てられた国立の道教寺院であって、道教では「寺」のことを「道観」と称した。唐代は仏教と並んで道教の流行した時代であって、勅命により各州に国立の道観、すなわち龍興観が建立されたが、易州の龍興観はその一つである。ここには、表裏二面に『老子』の本文を刻んだ巨大な石碑が建立され、現在も残っている（口絵参照）。

いったい『老子』のテキストは、わずか五千数百字という短さであるのに、諸本による文字の異同が多い。そこで、諸本を集めて互いに照合し、善本・定本を作ろうという試みが、歴代のさまざまな人によって試みられていた。道教の流行した唐代は、とくに『老子』研究の盛んに行われていた時期である。まして国立の道観に建てる石刻『老子』ということになれば、その本文の制定について、厳密な配慮が加えられていたと見るべきであろう。以上から考えると、龍興観碑の建立された唐代初期の『老子』には、「不失」を「不漏」に作るテキストがかなり多かったのではなかろうか。

一方、そのころは日唐の交通もきわめて盛んだった時期であり、したがって、『老子』の書もずいぶん伝来していたと思われる。そのテキストが「不漏」に作るものであったことから、早く「疏《そ》にして漏《も》らさず」という表記が定着し、そのまま後世に行われるようになったのであろう。

ところで、この句を含む七十三章には興味深い論説が見えるので、次にその全文をあげ、いちおうの通解を試みておく。

敢《あ》えてするに勇なれば則《すなわ》ち殺《ころ》し、敢えてせざるに勇なれば則ち活《い》かす。此《こ》の両者は、或《ある》いは利とせられ、或いは害とせらる。天の悪《にく》む所、孰《た》れか其《そ》の故《ゆえ》を知らん。是《ここ》を以《もっ》て聖人も、猶《な》お之《これ》を難《かた》しとす。天の道は、争わずして善《よ》く勝ち、言わずして善く応じ、召さずして自《おのずか》ら来たり、繟然《せんぜん》として善く謀《はか》る。天網は恢々《かいかい》、疏《そ》にして漏《も》らさず。（七十三章）

『〔人を裁くのに〕決断することに勇敢であれば、〔てきぱきと死刑を宣告して〕人を殺し、決断することに消極的であれば、〔死刑の宣告を躊躇《ちゅうちょ》して〕人を活《い》かす。この二つの態度は、時によって利とされ、害とされる。しかし、天が何を罪として悪《にく》むか、そのほんとうのところは、だれにもわからない。それゆえ聖人でさえ、〔その判断は〕難しいとしている。

いったい天の道は、争わないでうまく勝ち、もの言わないでうまく応《こた》え、招かなくても〔来るべき時に〕自然とやって来、大まかでありながら万事そつがない。天の法網は広大であって、目は粗いが決して取り逃すことはないのだ』

前半の文はすこぶる難解であるが、江戸末期の儒者大田《おおた》晴軒《せいけん》の説によって、これを裁判に関する叙述と解することがほとんど定説となっており、通解もこれに従った。

まず、人を死罪に処することの是非についてタカ派、ハト派両様の態度が提示され、次に両者の是非をめぐって論議はやかましいが、いずれにせよ、その判断は聖人でさえも決着つけがたいものであるとする。人為的裁判の限界と不完全性を説くのが、前段の趣意なのであろう。

後段は「天の道」を説くが、その初句「争わずして善く勝つ」だけは、前段の論旨につながらぬようである。しかし、「言わずして善く応ず」以下は、天の感応のすばやく、また確実であることを説くものであって、ここから人の裁きより、むしろ天の裁きにゆだねることがよい、とする論が導き出されてくる。「天網は恢々《かいかい》」の句は、その結びとなるものである。

最後に一言。「天網《てんもう》は恢々《かいかい》、疏《そ》にして漏《も》らさず」の句、わが国では、悪運強く法網を免れていた悪党が、最後に逮捕され処刑される、というような状況の折に発せられるのが通例であって、いわゆる裁判を否定するものではない。この句、わが国では『老子』を離れてひとり歩きしているわけである。

ところで七十三章に続く七十四章もまた、人が人を死罪に処することに疑問を投ずる趣意である。ついでに紹介しておこう。

民、死を畏《おそ》れざれば、奈何《いか》んぞ、死を以《もっ》て之《これ》を懼《おそ》れしめん。若《も》し民をして常に死を畏れしめて、而《しか》も奇を為す者あれば、吾は執《と》えて之を殺すことを得んも、孰《た》れか敢《あ》えてせん。常に殺すを司《つかさど》る者有りて殺す。夫《そ》れ殺すを司る者に代《かわ》りて殺すは、是れ大匠《たいしょう》に代りて斲《けず》るなり。夫れ大匠に代りて斲る者は、其の手を傷つけざること希有《けう》なり。（七十四章）

『民が〔君主の苛政に耐えかねて自暴自棄となり〕死ぬことを何とも思わなくなれば、どうして死罪によって民を威《おど》すことができようか。しかし、もし民が死罪を畏《おそ》れる状態、つまり平静の世であるのに、乱を企てる者があったとすれば、私はとらえて殺すこともできるわけだが、さて、いったい誰が実行に当たるというのか。〔自然界には〕常時死罪を司る役人が居て殺すことになっているのだから。

そもそも死罪を司る者に代わって殺すことは、名工に代わって木を削るようなものである。名工に代わって木を削れば、その手を傷つけずに済むことなど滅多にないのだ』

七十二章に「民、威《い》を畏《おそ》れざれば、則《すなわ》ち大威《たいい》至る」とある。『君主の圧政《あっせい》が日常化して民がお上の威光を畏れなくなると、今度は大乱がやってくる』ということである。七十四章の書き出しも、ほぼ同じような論であって、圧政が極まれば、民はやけくそになって死ぬことを何とも思わなくなる、そうなれば死罪の威《おど》しも効果のない状態に立ち至る、というのである。いずれも、圧政が大乱の因ともなることを力説して、世の君主の戒めとする論である。

ところが本章の場合、議論は一転して、次には人為的な裁きによって人を殺すことに対する疑義が発せられる。「常に殺すを司る者」とは何を指すのか。いま天上界の死刑執行人とでも解すれば、最もわかりやすいが、『老子』に即していうと天上界は自然界とでも称すべきであろうか。いずれにせよ、たとえ死罪に相当する悪人であっても、その処置は自然界の司直に一任せよ、という論旨である。

圧政が大乱を招くとする冒頭の論は、もちろん世の為政者に対する訓戒とするものであるが、本章の構成からすると、主題である死罪の件を導き出すことに主たる意味でもある。

がある。つまり老子は、死罪の廃止を二章にわたって述べていることになろう。「天網」や「常に殺すを司る者」が具体的に何を指すのか、それによる「殺」とはどのような状況をいうのか、それは不明である。ただ老子が、たとえ悪人といえども、裁きによって人を殺すことに批判的であったことは確かであり、これも善悪を包容する聖人による無為の治の一環をなすものなのであろう。

現今、死刑制度の存廃ということは世界的規模での問題となっている。存続論・廃止論のいずれにせよ、それぞれに理屈があって、その是非を定めることはなかなかに難しいようである。早く中国の戦国時代、老子によって廃止論の提起されている事実は興味深い。

2　善人は不善人の師、不善人は善人の資《たすけ》（二十七章）

『不善の人は、善人を師として善につとめなければならないが、同時に善人は、不善人の所為《しょい》を見て反省の資としなければならない』ということであるが、まず問題は、ここにいう善人・不善人がどのような人を意味しているのか、ということである。

さて老子は、美醜・善不善について次のようにいう。

天下皆《みな》美の美為《た》るを知るも、斯《こ》れ悪（醜の意）のみ。皆《みな》善の善為るを知るも、斯れ不善のみ。（二章）

一応の通解を試みると、『世間の人は、美しいものが美しいということを知ってそれに固執するが、彼らが美しいとするものは、実は醜《みにく》いものなのである。また、善いことが善いことであると知ってそれに固執するが、彼らの善いとするものは、実は善くないことなのである』ということになるが、少しく釈然としない。これでは世間にいう美はことごとく醜、善はことごとく不善、ということになって、評価を逆転させるだけのことになってしまう。少なくとも世にいう美醜と善不善とが相対的区別にすぎない、という趣旨にはならないからである。

しかし二章の文は、このあとに「故《ゆえ》に有無は相生じ、難易は相成り、長短は相形《かたち》し、……」と続き、そこでは、有と無、難と易、長と短といった反対概念が、いずれも相対的関係において成立する旨が論ぜられている。

とすれば、「斯《こ》れ悪のみ」「斯れ不善のみ」の二句は、おそらくは老子一流の誇張した表現であって、実質的には、「醜いものであるのかもしれない」「善くないことであるのかもしれない」という程度の意味なのであって、やはり、美醜・善不善の相対的評価にすぎないことを述べる、と解すべきであろう。

二章における善不善の論は、やや明瞭《めいりよう》さに欠けるところもあった。しかし、次の二十章になるとその点がはっきりしてくる。

唯《い》と阿《あ》と相去ること幾何《いくばく》ぞ。善と悪と相去ること若何《いかん》。（二十章）

儒家の礼学では、唯《はい》と阿《ああ》という応答の言葉の区別をやかましくいうが、いったい、この二通りの返事にどれほどのちがいがあるというのだろう。同じように世間では善と悪との区別をいうが、この両者にどれほどのちがいがあるというのだろう。——上文はこのような意味であって、まさに善悪の相対性を説くものとなっている（なお、二十章については第一章の1に詳説がある）。

善不善・善悪について以上のような論の見える一方、老子は、善人と不善人とを区別して次のようにもいう。

道は万物の奥《おう》(主の意)なり。善人の宝《ほう》なり。不善人の保《ほ》せらるる所なり。(六十二章の首句)

冒頭にいう「奥《おう》」を、「帛書」は「注」と表記するが、それは「主」の意。「奥」にも主の義があることからすると、「万物の奥」は「万物の主」の意味である。次句の「宝」「保」と韻をあわせるために、「奥」と改めたものと思われる。

ところで、ここにいう「善人」は、「道」を宝として保持する人であることから知られるように、得道の聖人に近い存在である。しかし、もちろん聖人ではない。「聖人」は完全に「道」と一体である人、それに対して「善人」とは、「無為の道」を奉じてこれを遵守《じゅんしゅ》するにつとめる人、というくらいの意であるらしい。儒家では「聖人の道」を求めてやまぬ人を「君子」と称するが、『老子』にいう「善人」とは、おそらくは儒家のいう「君子」に匹敵するものであり、「不善人」は「小人」に相当するのであろう。なお「不善人の保せらるる所なり」とは、「道」が不善人をも排除差別することなく包容するさまをいうと思われる。

上述したように老子は、儒家的・世俗的な意味における善悪は、これを相対的な区別にすぎないとして否定する。そして、その上に立って独特な「道」を提唱した。ところが、そうなるとこんどはその「道」に適《かな》う行為を「善」と称し、それを求める人を「善人」と呼ぶ。一方、「道」に無関心である人を「不善人」と称する。いささか手前勝手のような気もする。同じ善という言葉を、次元のちがう二種の意味で使われたのでは、読者にとって迷惑も甚《はなは》だしい。そういえば「聖」の語もそうである。十九章に、「聖を絶ち智《ち》を棄《す》つれば、民の利、百倍せん」とある。これは儒家のいう「聖」を退ける言である。ところがその老子は、「道」を体得した人のことを「聖人」と称しているのである。世俗に反抗し、儒教を批判しながらも、やはりその用語を使わないと世間に通用しにくいという事情もあったのであろう。ともあれ以上の事実は、『老子』を読む場合、ぜひとも心得ておくことが必要である。なお、『老子』には、「君子」の語まで見えることに注意しておく（第一章の3参照）。

さて、「善」「善人」の意味はほぼ了解されたかと思うので、再び表題に戻ることとするが、実は二十七章には、これ以外にも善の語が頻出している。というよりも、二十七章は、さまざまな用例を取りまとめたかにも思われる内容なのである。そこで、ついでに全文を考察することとしよう。

善行は轍迹《てっせき》無く、善言は瑕讁《かたく》無く、善数は籌策《ちゅうさく》せず。善閉は関鍵《かんけん》無くして、而《しか》も開くべからず、善結は縄約《じょうやく》無くして、而も解くべからず。（二十七章―①）

『すぐれた行動はことさらな痕跡を残さない。すぐれた言論には（天然の玉のように）きずがない。すぐれた計算は算木《さんぎ》を用いない。すぐれた閉じ方はかんぬきを使用しないが、しかし開けることはできない。すぐれた結び方は縄を使用しないが、しかし解くことはできない』

ここにいう「善」は、「道」のあり方に適っているという趣旨での、すぐれたさまである。「轍迹《てっせき》」は、車の通ったあとに地面に残る形跡のことであるが、ここでは広義に行動の跡。「瑕讁《かたく》」は、玉のきず。「籌策《ちゅうさく》」は計算器。籌は数をかぞえること、策はそれに使用する竹製の棒である。

一・二句は、無為自然の行為・言論には、ことさらな痕跡のないことをいい（天衣無縫の意）、三・四・五句は、人為的な道具には限界があり、それに頼るかぎり、完全な成果を期することはできない、という立場での言である。「道」の行われた世には、戸締まりせずとも盗難のおそれなどなかった、という類《たぐい》のことが念頭にあったようにも思われる。

是《ここ》を以《もっ》て聖人は、常に善《よ》く人を救う、故《ゆえ》に棄《き》人《じん》無し。常に善く物を救う、故に棄物無し。是《これ》を襲明《しゅうめい》と謂《い》う。（二十七章―②）

『得道の聖人は、いつもよく人を活《い》かして使う。だから無用として捨てられる人はいない。いつもよく物を活かして使う、だから無用として捨てられる物はない。以上の経緯を襲明（明智に因《よ》る）という』

第二段は、「道」を体得した聖人が、世間からは見捨てられた人や物のすべてを包容して所を得させるさまをいう。「善救」の善は、その救を「道」に適《かな》った行為として修飾する副詞的表現（「能く」とは区別される）。「襲明」の明は、世間の知恵を超越したまことの知恵。世間一般にいう知識・知恵を否定する『老子』では、「道」に適ったまことの知を「明」と称している。「襲」は入る、重ねる、因るの意。「襲明」は老子に独特の用語であって、ここに記す聖人の行為は、「道」の世界における「明智」をまって初めて可能であることを端的に示している。

故に善人は不善人の師、不善人は善人の資《たすけ》たり。其《そ》の師を貴《たっと》ばず、其の資を愛せざれば、智なりと雖《いえど》も大いに迷わん。是《これ》を要妙《ようみょう》と謂《い》う。（二十七章—③）

『善人は不善人にとっての師であり、不善人は善人にとっての反省の資《たすけ》である。それなのにその師を貴ばず、その資を大切にしないということでは、いかに知者であってもひどく迷うことになろう。以上の経緯を「要妙」（肝要な秘訣）という』

上述したように、善人とは「道」を求めて修養に努めている人、不善人とは「道」に無関心な人。「善人は不善人の師」とは、不善人にも善人となる可能性を見いだして捨てないさまであり、「不善人は善人の資《たすけ》」とは、善人も不善人を他山《たざん》の石《いし》として一層の努力を重ねよ、ということであろう。二句ともに不善人をも包容するさまでもある。なお、「要妙」もまた『老子』に独特の用語であって、「道」の世界におけるやり方、というくらいの意であろう。

◉後世の中国・日本では、学問や技芸が師から弟子へと伝えられていくことを、「師《し》資《し》相伝《そうでん》」「師資相承《そうじょう》」という。この場合、師は先生、資は弟子、の意であって、『老子』の用法とは少しずれるが、その典拠が上文にあることは確かである。

二十七章を構成する三節は、それぞれ論旨を異にしており、一章としてのまとまりはない。おそらくは「善」という言葉をキーワードとして、関係する文を一括した、ということであろう。

要するに、「善」とは「道」のあり方に適《かな》うという意味での善であり、「善人」とは「道」を求めて努力している人のことである。もちろん例外もあろうが、老子における善と善人は、ほぼこのように考えてよさそうである。

3　天道は親《しん》無く、常に善人に与《くみ》す（七十九章）

天道とは、一般的にいえば天の配剤、天のやり方、というくらいの意。天道には親疎の別（えこひいき）がない、いつも善人の味方をする、ということである。きわめて通俗的な勧善の教訓として、この言葉はあまりにも有名である。ただ問題は、この言葉がよりによって『老子』に出てくること。というのは、老子は世間にいう善悪の別を否定しており、とすれば、ここにいう善人は、世間一般にいう善人ではなく、老子に独特の善人であるとも考えられるからである。

この句は七十九章の結びとして見えるが、先行の文もなかなかにおもしろい。上記の問題をも含めて、ともかくも全文を読むことから始めよう。

大怨《たいえん》を和するも、必ず余怨《よえん》あり。安《なん》ぞ以《もっ》て善と為《な》すべけんや。是《ここ》を以て聖人は、左契《さけい》を執《と》りて人を責《せ》めず。有徳は契《けい》を司《つかさど》り、無徳は徹《てつ》を司る。天道《てんどう》は親《しん》無く、常に善人に与《くみ》す。（七十九章）

『深く結ばれた怨みごとを、和解させたところで、〔当事者の間には〕必ずしこりが残るものである。どうしてすぐれたやり方といえようか。そこで聖人は、〔債権者として〕割符《わりふ》の左半分をしかと握っているが、しかし、それでいて相手（債務者）を責めることはしない。〔自ら責めずとも、非があれば天が責めることを知っているから〕。諺《ことわざ》にも「有徳の人は割符を管理するだけ、無徳の人はもっぱら取り立てる」という。天のやり方にはえこひいきがなく、いつも善人の味方をする』

怨みごとをもつ当事者同士を、しかるべき人格者が調停して和解に導くという例は現今にもよくあるが、老子の当時も同様であったらしい。前段は、そのことに関する老子言であって、「それは根本的な解決策ではない。妥協によって一応の和解が成立したとしても、心底にはなおしこりが残るものだ」ということであるが、言うまでもなくその裏には、「始めから怨みごとなど持たぬようにすることだ」との意向が潜んでいる。

後段は、以上のことを聖人のあり方を一例として述べる。解説を必要とする用語が多いようであるが、まずは上述した「怨みに報いるに徳を以てす」と趣意を同じくする文であることに留意されたい。

ちなみに「契《けい》」とは貸借・売買等の際に交わす契約書のこと。左右に二分された中央に割印があり、左契を持つ債権者の請求に応じて、右契を持つ債務者は印の符合することを確かめて支払うことになっていた。本文は「聖人は、債権者として左契を握ってはいるが、債務者である相手に請求権を行使することはしない」ということ。つまり聖人は、自らが債権者であることを自覚してはいたが、怨恨の因となる取り立ては一切しなかった、ということである。なお「徹《てつ》」は税法の名であるが、ここでは取り立ての意。「有徳は契を司り、無徳は徹を司る」は、古い諺のようにみせかけた老子言であろう。以上の聖人のあり方を、もっぱら取り立てに奔走《ほんそう》する世人と対照して総括する趣旨である。

ところで、以上の論旨と結句との関係はわかりにくい。どうも論理的には結びつかないようである。察するところ、もし債務者が寛容な聖人の措置に甘えて、返還を怠るようであれば、やがてしかるべき天の裁定が下ることを暗示するものであろうか。つまり聖人は、怨みごとの解決をすべて天に委《ゆだ》ねて、自身は当事者とならなかった。この聖人を模範として、怨みごとの解決は天に委ねよ、当事者間で争うまでもなく、天は必ず善人に軍配を上げるはずだ、というのが全文を通しての意図なのであろう。

以上のように、ここに記されている話の内容は世間の日常的な事柄である。とすれば、結句にいう善人は、常識的な善悪の別をふまえた、世間一般にいう善人と解すべきである。思うにこの句は、『老子』を典拠とはするが、しかし、もともと老子自身の言ではなく、以前からあった諺を引用したまでのことで、したがって、ここにいう善人の意味など、格別に顧慮することはなかったのであろう。

◉「天道は親無く、常に善人に与す」の句に、真っ向から疑問を投じた人がいる。『史記』の著者として有名な司馬遷《しばせん》である。その言葉は、列伝第一の「伯夷伝」に見える。周《しゅう》の建国して間もないころ、殷《いん》の遺民で伯夷《はくい》・叔斉《しゅくせい》という兄弟がいた。仁義《じんぎ》篤《とっ》行《こう》の人として知られており、周の武王《ぶおう》は兄弟を厚禄《こうろく》をもって召し抱えようとした。ところが兄弟は、殷の遺民としての節義を貫くために、周の禄《ろく》を食《は》むことを潔《いさぎよ》しとせず、ついに首陽山《しゅようざん》に隠居して、わらびを食べ、しばしの露命をつないだあと餓死して果てた。

司馬遷は、兄弟の悲惨な末路にいたく同情する。世間には、盗跖《とうせき》のように大泥棒として悪逆のかぎりを尽くしながら、天寿を全うした者もいる。それなのに兄弟のように高潔な人物が、どうしてこのような悲惨な末路を遂げなければならなかったのか。ここにおいて司馬遷の発した痛憤の言葉が「天道是か否か」であり、それは、ほかでもない「天道は親無く、常に善人に与す」の言を前にしての痛憤である。

「伯夷伝」の引用に「老子曰」という断りはない。司馬遷が諺を引用したか、『老子』に拠《よ》ったかは不明であるが、いずれにせよこの句を有名にしたのは、むしろ司馬遷であるかもしれない。

現今、一般に善人というと、正直一途《いちず》で、他人には親切すぎるくらい親切であるが、世渡りが下手で一向にうだつの上がらない人、というイメージが浮かぶ。いわゆる「お人よし」である。「天道は親無く、常に善人に与す」の句は、このような人を慰めたり、励ますのに用いられているように思われる。

さて、『老子』には、もう一つ「天道」を主語とする有名な句がある。

> 天の道は、余り有るを損《へら》して、足らざるを補う。（七十七章）

とあるのがそれであって、この句もまた、天道の公平無私《こうへいむし》のさまをいう。七十七章は、全体としてこの句を中心に展開しているので、次にその全文を掲げ、簡単な解説を加えておこう。

> 天の道は、其《そ》れ猶《な》お弓を張るがごときか。高き者は之《これ》を抑《おさ》え、下《ひく》き者は之を挙《あ》ぐ。余り有る者は之を損《へら》し、足らざる者は之を補う。
>
> 天の道は、余り有るを損《へら》して、足らざるを補う。人の道は則《すなわ》ち然《しか》らず。足らざるを損して、以《もっ》て余り有るに奉《ほう》ず。
>
> 孰《た》れか能《よ》く余り有りて以て天下に奉ずるものぞ。唯《た》だ有道者《ゆうどうしゃ》のみ。是《ここ》を以て聖人は、為《な》して恃《たの》まず、功《こう》成りて処《お》らず、其れ賢《けん》を見《しめ》すことを欲せず。（七十七章）

七十七章は、論旨の展開からみて、三段に分かれる。

第一段――弓に弦を張ろうとするとき、矢筈《やはず》の上部は下方に抑えこみ、下部は上方に押し上げる。天のやり方は、弓を張る要領と同じであって、すなわち、余りある者(弓の上部)から削り取って、その分、足りない者(弓の下部)に補給するのだ、と説く。天道について有余・不足をいうことへの導入である。

第二段――前段を受けて、改めて天の道が、「有余を損《へら》して、不足を補う」ものであることを述べ、これとは反対に人の道は、「不足を損して、有余を補う」ものであるとする。人の道を「不足を損して、有余を補う」ものときめつけたことには、弱肉強食の戦国の世、富裕の者は、いよいよ富裕の度を増し、貧窮の者は、いよいよ貧窮の度を加えていく状況への批判がこめられているのであろう。

第三段――「有余を損して、不足を補う」という天の道を実践できるのは、有道者、すなわち聖人のみである。聖人は、どんなことでも成し遂げることができる、その意味で「余り有る」人である。しかし聖人は、その功に誇るでもなく、成功者の地位にとどまろうともしない。それというのは、聖人は自身の賢者ぶりを世人にみせびらかすことを好まないからだ。これこそ、「己《おのれ》の有余を損して、不足(天下の人)に与える」ことにほかならない。

要するに、天の道である「有余を損して、不足を補う」ことを実践する聖人のあり方を述べて、私利私欲に狂奔《きょうほん》する世の為政者への戒めをこめて、結びとしているのである。

4　大器は晩成す（四十一章）

この句は一般に、「大器は完成するまでに時間がかかる」というように解釈され、才能をもちながらそれを発揮できずにいる人、時世にめぐりあえず不遇をかこっている人、に対する激励あるいは慰めの言葉として用いるのが通例である。また、三十二歳で横綱となった琴桜《ことざくら》のような人を大器晩成型などという。たとえ晩《おそ》くとも、ついには、「成る」という意味で、この句は一般に用いられているといえよう。

しかし、こうした後世の解釈は、『老子』の原義ではないらしい。「大方は隅《すみ》無し、大器は晩成す、大音は希声なり、大象は形無し」と並ぶ前後の句との対応から推《お》すと、ここにいう「晩」は、限りなく晩《おそ》いということであって、「大器はほとんど成り難い」、あるいは一歩を進めて、「大器は完成しない」（大器は成らず）、「大器は完成しないように見える」（大器は成らざるが若《ごと》し）、というのが、その本来の意味であったようである（説は諸橋轍次博士『老子の講義』に見える）。

二十五章に「道」を「大」と名づける趣旨の文があったが（二一二頁）、これによって知られるように『老子』にいう「大」は、小に対する大ではない。それは「道」の立場を意味する「大」であって、つまり、世俗的な小大を超える「大」なのである。完成するような器は、まことの大器ではない、永遠に完成しないからこそ大器なのだ、というようなニュアンスを、この句は含むものなのである。この点を念頭におきながら、まずこの句を含む四句の意味を考えてみよう。

大方は隅《すみ》無し、大器は晩成す、大音は希声なり、大象は形無し。（大方無レ隅、大器晩成、大音希声、大象無レ形）（四十一章―②）

「大方は隅《すみ》無し」。大いなる方形には四隅《しぐう》がない、ということである。ここに大方とは無限大に広がる方形を意味する。つまり、有限の方形にはかならず四隅があるが、無限に広がる方形には四隅を定めようがない。「大方無隅」とはこのような趣旨の句である。「方形には四隅がある」という常識を破って人を驚倒させながら、巧《たく》みに「道」の無限定性を説くものである。

「大音は希声なり」。「希」とは音のかすかなさまであって、直訳すれば、「まことの大音は、その声かすかである」となる。しかし、ここにいう「希声」は、十四章に、「之《これ》を聴《き》けども聞こえず、名づけて希《き》と曰《い》う」とあるのと同じく（二一九頁）、限りなくかすかな音声、すなわち、実質的には無声の意味に解すべきであろう。

『荘子』に「淵黙《えんもく》して雷声」（在宥《ざいゆう》篇）という句が見える。「深淵のように沈黙を守りながら、雷のように迫力のある声をとどろかせる」ということであって、得道の聖人のありさまを示すことばである。また、『維摩経《ゆいまぎょう》』に「維摩の一黙は雷のごとし」（入不二法門篇）とあって、禅僧の愛用する句となっているが、これも『荘子』とまったく同義である。得道の人は一言も発しない。しかし、その内に秘めた徳が、おのずからにして周囲を感化し、天下こぞってその人のもとに帰服するようになる。「淵黙して雷声」とは、このような得道者のあり方をいう。

『老子』にいう「大音」は、『荘子』にいう「雷声」に相当する。『老子』には「不言の教え」（二章・四十三章）という句が二ヵ所見えるが、「雷声」も「大音」も、実質的には「不言の教え」の意である。しかし、「不言の教え」は、たとえ千言万言を費やしても及びえない影響力をもっている。だから、雷声・大音と称するのである。

「大音は希声なり」の句は、要するにこうした趣旨を述べるものである。しかし、世俗の人からすれば、その表現はまさに世の常識に逆らう形となっている。そこには、いたずらに声を大にして自己主張する一般の風潮を戒める警句としての意味があった。

「大象は形無し」。「大象」は「至大の形」、すなわち「道」のことである。十四章に「道」の形状を述べて、「無状の状、無象の象」とあるのと同じ表現であり、また三十五章に、「大象を執りて天下に往《ゆ》く」とある句は、「道」を守って天下を往来するという意であることが参考となる。

さて、「大器は晩成す」という句は、以上の三句と並置されている。とすれば、後世のように「大器はおそくできあがる」と解釈したのでは前後と対応しない。表現は「晩成」であるが、その実質は、上述したように「成らず」「成る無し」の意に解すべきであろう。

ここに「器」とは、しかるべき制作品と解してもよく、また、宰相《さいしょう》の器などというように人の器量をいうと考えてもよいであろう。いずれにせよ「器」は、世の常識からすれば完成することが前提であり、その完成は早いほどよい。しかし、「大器」とは、「道」の立場に立つ「器」である。したがって、それは「不成」であり、「晩成」であることになるのである。

ただこの句は、他の三句とちがって、「大器」の「大」を、小に対する大として解することにより、世の常識としても十分に通用する。たとえば竜門《りゅうもん》の石窟《せっくつ》は、北魏《ほくぎ》の四九四年に着工されるが、本尊仏の刻まれたのは唐代の六五〇年に近いころであり、しかも造営はさらに七〇〇年ころまで続くが、これで完成ということはない。大器が完成するのに時間のかかることは、世の常識であるといえよう。この句が『老子』を離れて一本立ちした場合、それが世の常識に従って解釈されることはやむを得ないことであり、それをとがめだてすることはできない。ただ『老子』の本文に即していうと、常識的解釈では通じないのではないか、筆者はこのことを言いたかったのである。

さて、以上の四句は、大方・大器・大音・大象というように、いずれも「大」がついている。老子が「大」を冠する場合、それによって、そのものは世俗を超えた存在となることを意味している。「大」は小に対する大なのではなく、小大を超えた「至大」「無限大」なのである。したがって、「大方無隅」以下の四句は、老子の立場としては十分に筋が通っている。しかし、この「大」を、大小の「大」としてとらえる世俗の人々にとっては、およそ常識をはずれた論議である。老子は、世の関心を引き起こすために、わざとそのように仕向けているのである。そして、しかるのちにやがて、「大」の本旨を了解し、改めて納得にいたることを期待する。これが老子一流の逆説的論法であって、以上の四句は、その白眉《はくび》をなすものとして知られる。
なお、この四句を含む四十一章は、その冒頭に次のようにいう。

上士《じょうし》は道を聞けば、勤《つと》めて之《これ》を行う。中士《ちゅうし》は道を聞けば、存するが若《ごと》く、亡《な》きが若し。下士《かし》は道を聞けば、大いに之を笑う。笑わざれば以《もっ》て道と為《な》すに足らざるなり。（四十一章―①）

上文は、「道」に対する反応を、上・中・下の三士に分けて説く。「存するが若《ごと》く、亡《な》きが若し」とは、中士が「道」を聞いて半信半疑であるさまをいう。下士は世俗の人。「大いに之を笑う」（大笑レ之）は、テキストによって「大なりとして之を笑う」（大而笑レ之）とあり、その場合には、「道」を虚大なりとして笑いとばす意味になる。いずれにせよ、世俗の人によって、笑いとばされるようであってこそ、まことの道なのだ、というのである。

大方・大器・大音・大象における「大」が、世の人（下士）によって、笑いとばされる「大」であることはいうまでもないであろう。

この四句と同一の表現をとる句は、さらに四十五章にも見える。

大成《たいせい》は欠けたるが若《ごと》くして、其《そ》の用弊《つか》れず。大盈《たいえい》は沖《むな》しきが若くして、其の用窮《きわ》まらず。大直《たいちょく》は屈するが若く、大巧《たいこう》は拙《せつ》なるが若く、大弁は訥《とつ》なるが若し。（四十五章）

はじめの二句は、『ほんとうに完成しているものは、どこか欠けているように見えるが、そのはたらきは疲れ果てることがない。ほんとうに充実したものは、まるでからっぽのように見えるが、そのはたらきは無限である』ということである。ここに「其《そ》の用弊《つか》れず」「其の用窮《きわ》まらず」とあることから分かるように、この二句は「道」のありさまを解説するものである。「沖」は「虚」と同義であって、この二字を連ねて「沖虚」という熟字にもなっている。「道」は目にも止まらない無形無象の存在であることから「虚」とされる。しかし、「虚」でありながら、無限のはたらきが、そこから流出する。したがって、老子の立場からすれば「大盈《たいえい》」ということになる。「盈」と「沖虚」とは、常識的には正反対の概念であるが、一方を「大盈」と称することによって、これを同じものとして説く逆説的表現である。

前二条が「道」のありさまであるのに対して、あとの三句は、「道」に基づく処世上の教訓である。「屈」「拙」「訥」が柔弱の象徴であるに対して、「直」「巧」「弁」は、そのものとしては剛強の世界に属する。しかし、それに「大」をつけることによって柔弱の世界のものとなる。逆にいえば、柔弱とは、世俗的な剛強を超えた、まさに「大剛強」なのである。柔弱謙下の処世訓として三句のもつ意味は、この点に存するのである。

5　天は長く地は久し——天長地久（七章）

昭和天皇の誕生日である四月二十九日を、戦前は天長節《てんちょうせつ》と呼んだ。また、皇后の誕生日である三月六日は、いわゆる祝日扱いではなかったが、地久節《ちきゅうせつ》と称して旧制の女学校では式典が催された。戦前派の人にとって懐かしい天長・地久の語の典拠は、次に記す第七章である。

天は長く地は久し。天地の能《よ》く長く且《か》つ久しき所以《ゆえん》は、其《そ》の自《みずか》ら生きんとせざるを以《もっ》てなり。故《ゆえ》に能く長生す。

是《ここ》を以て聖人は、其の身を後《あと》にして身先んじ、其の身を外《そと》にして身存す。其の私《わたくし》無きを以てに非《あら》ずや、故に能く其の私を成す。（七章）

『天は長く地は久しい。いったい天と地とが長久であり得るというのは、〔自然のままにあるだけで〕自身生きようとするわけではないからである。だからこそ長く生き続けることができるのだ。

そこで〔天地の心を体した〕聖人は、わが身を後回しにすることによって、かえって民の先となり、わが身を度外視することによって、かえってその地位を安泰にした。〔聖人は〕無私に徹するからであろうか、さてこそ、その私（大私）を成すことができるのだ』

無私・無欲・不争を旨とする聖人（聖王）が、それゆえに衆人に推戴《すいたい》されて天子ともなることを説く。本章の論法に即していえば、わが身を後にし、外にすることは「無私」であり、それによって民の先となり、身存する結果となるのは、聖人の成すという「私」である。そしてその「私」とは、「道」に適《かな》った「まことの私」であって、つまり天下に王となることにほかならない。要するに、柔弱謙下こそが成功の秘訣であることを述べて、世の君主への教訓とする文である。「無私によって大私を成す」とする上文の論旨については、これまでも何度か言及してきた。ここでは「天長節」のいわれについて、一言しておこう。

さて、皇帝の誕生日を国家的行事として祝うことは、唐の玄宗《げんそう》皇帝のときに始まるといわれる。すなわち、まず、玄宗の開元十七年（七二九）、皇帝の誕生日にあたる八月五日に百官が上奏して、この日を「千秋節」（千秋は千年の意味）と呼び、祝意を表するよう定めた。その後、同じく玄宗の天宝七年（七四八）、千秋節を改めて天長節とした。これが天長節の語の起原である。

わが国でも、光仁《こうにん》天皇の宝亀六年九月（七七五）の詔勅《しょうちょく》によって、十月十三日の天皇誕生日を、天長節と呼ぶことが定められている（『続日本紀』同年の条）。

しかし、中国でも日本でも、天長節を公的な行事とする習慣は、どうも根づかなかったようで、玄宗あるいは光仁天皇以後に、この名はほとんど出てこない。天長節が、国家的行事として恒例となるのは、実は明治以後のことである。古く天長節が定着しなかったのは、中国にせよ、日本にせよ、欧米のように誕生日を盛大に祝うという習慣がほとんどなかったことによるらしい。それが明治以後の日本に定着したということは、当時の日本が、徹底して欧化の洗礼を受けたことによるのであろう。「天長地久」の語の典拠が『老子』にあることは明らかであるとして、もう一つ、この語を有名にしたのは、白楽天《はくらくてん》の「長恨歌《ちょうごんか》」の末句に、

天は長く地は久しきも、時有りてか尽きん。
此《こ》の恨みは綿々として絶ゆる期《とき》無からん。

と見えることである。「長久である天地でさえ、尽きる時があるかもしれない。しかし、玄宗《げんそう》と楊貴妃《ようきひ》との悲恋の恨みは、永遠に絶えることはないであろう」ということである。

どうも「天長地久」という言葉は、玄宗皇帝と縁が深いようである。白楽天は、玄宗が自らの誕生日を「天長節」と称したことを知っていて、あえてこの句を「長恨歌」の結びに用いたかどうか、そこまではわからないが、あるいは然《しか》らんという気もする。

6 禍《わざわい》は福の倚《よ》る所、福は禍の伏《ふ》す所（五十八章）

『禍《わざわい》は福のよりそう場所、福は禍の潜む場所』ということ。つまり、禍のなかにはすでに福がよりそっており、福のなかにはすでに禍が潜んでいるとして、禍福の転変して常ないさまを述べる句である。つづめて「禍福倚伏《かふくいふく》」と称し、後人による引用例も多い。なお、「禍福は糾《あざな》える縄の如《ごと》し」という諺があるが、これもまったく同義である。

禍福の転変して常なきものであることをいう本句は、禍に遭ったからとて悲観することなく、また福を得たからとて有頂天になるな、という趣旨の教訓を言外に含んでいる。少なくとも一般的にはそのように考えられているといってよいだろう。しかし、老子がこの句を引用したのは、とくにこのような教訓を述べるためではなく、後述するようにまったく別個の論説を運ぶための便宜から引用したまでのことである。とすれば、この句の典拠が『老子』にあることは確かとしても、それは老子自身の言葉ではなく、当時一般に行われていた諺を引用したものと解すべきであろう。

其《そ》の政《まつりごと》悶々《もんもん》たれば、其の民は淳々《じゅんじゅん》たり。其の政察々《さっさつ》たれば、其の民は欠々《けつけつ》たり。

禍《わざわい》は福の倚《よ》る所、福は禍の伏《ふ》す所。孰《た》れか其の極を知らん。其れ正《せい》無し。正復《ま》た奇（邪）と為《な》り、善復《ま》た妖《よう》（悪）と為る。人の迷うや、其の日、固《もと》より久し。是《ここ》を以《もっ》て聖人は、方《ほう》なれども割《さ》かず、廉《れん》なれども劌《けず》らず、直なれども肆《し》ならず、光あれども燿《かがや》かさず。（五十八章）

『政治がのんびりと大まかであれば、民は純朴そのものであり、政治が厳しくきめ細かいと民は純朴さを失う（せちがらくなる）。

禍《わざわい》は福の傍《かたわら》によりそっており、福は禍の奥に潜んでいる。このように禍と福とは転変して常なきものであるが、さて、その窮極が福となるか禍となるか、それはだれにもわからない。

そもそも世のなかに絶対に正しいということなどないのだ。正とされるものが、また邪となり、善とされるものが、また悪となる。〔この道理を悟らず〕世の人が迷いに沈むようになってから、もう長いことになる。

そこで、〔この道理をわきまえた〕聖人は、己《おのれ》が方正であっても、それによって人

人に向かって輝かすことはしない』

い。己がまっすぐであっても、それを人におしつけない。己に知恵の光があっても、

の善と悪を裁断しない。己が清廉であっても、それによって人の貪欲《どんよく》を責めつけな

上文を通読して明らかなように、この一章は、正邪善悪の区別を立てない、いわば清濁あわせのむ聖人の、おおらかな治政のさまを述べる。「悶々」は、察々（明白のさま）に対して、ぼんやりとしたさま。悶々の政とは、画一的な政令や道徳によって民を拘束せず、あるがままに放置する政治。結びの第三段は、端的にそれをいうと考えられるが、さて、その根拠となるのが第二段であって、そこには、世にいう正邪善悪の相対性が説かれている。そもそも正邪善悪が相対的なものであるとすれば、そのすべてを包んで寛容の態度で人に接するべきだ、得道の聖人はそのようである、というのである。そして、「禍福倚伏《かふくいふく》」の句は、正邪善悪の相対的であることをいう枕《まくら》として出てくる。つまり、転変する禍と福との窮極が、そのいずれであるかは見きわめがたいことをまず述べて、それと同じように、正邪善悪もまた定めがたいという本論に移っていく、というのが本章の構想である。

察するに「禍福倚伏」の句は、老子自身の言ではなくて、おそらくは当時一般に行われていた諺の類《たぐい》である。老子はまずその句を引き、それを導入として後文を展開し

たまでのことなのである。いったい老子は、禍福という点では、福を得ることをあまり問題とせず、むしろ禍にかからぬ配慮を第一としている。「咎《とが》（禍）は得んことを欲するより大なるは莫《な》し」（四十六章）、「夫《そ》れ唯《た》だ争わず、故《ゆえ》に尤《とが》（禍）無し」（八章）とあるのがそれである。盈満《えいまん》を戒める老子の立場からすれば、やがて禍に転ずる福を求めることに関心のないのは当然であろう。

ともあれ「禍福倚伏」の句は、『老子』に典拠のある言葉として有名である。しかし、『老子』の思想に即していうと、この句はさしたる意味をもつものではないことに留意すべきであろう。

7　三《さん》宝《ぼう》（六十七章）

三宝というと、一般には仏教にいう仏・法・僧の三宝を想起する。三宝の語は、仏典の漢訳が始まって間もない二〇〇年ころの訳経にすでに見えており、中国仏教における用語としての三宝の歴史が、そのときにまで溯ることは確かである。ところが、それ以前に中国では、すでにこの語が用いられていた。『老子』六十七章がそれであって、次に記すように、聖人とおぼしき「我」が宝物のように大切に守ったとされる三ヵ条の教訓、ということである。老子のいう「三宝」とは、どのようなものであるか、この句を含む六十七章を読んでみよう。なお、六十七章には、「三宝」について述べるに先立つ一節があるが、さしたる関連はないので省略する。

我に三宝《さんぽう》有り、持《じ》して之《これ》を保つ。一に曰《いわ》く、慈《じ》。二に曰く、倹《けん》。三に曰く、敢《あ》えて天下の先と為《な》らず。(六十七章—②)

『私には三つの宝があり、たいせつに守りつづけている。その第一は慈愛であり、その第二は倹約であり、その第三は世の人の先に立たない、ということである』

慈、故《ゆえ》に能《よ》く勇《ゆう》なり。倹、故に能く広し。敢《あ》えて天下の先と為《な》らず。故に能く成器の長《ちょう》たり。今、慈を舍《す》てて且《まさ》に勇ならんとし、倹を舍てて且に広からんとし、後を舍てて先んぜんとすれば、死せん。(六十七章—③)

『慈愛の心をもつからこそ、〔人のために〕勇者となることができ、倹約につとめるからこそ、〔常に充《み》ち足りて〕広く施すことができ、世の人の先に立とうとしないからこそ、〔それぞれの能力によって政務を分担する〕群臣の長となることができるのだ。それなのにいま、慈愛の心を捨てて、〔己《おのれ》を強大にするために〕勇者たらんとし、倹約の心を捨てて、〔ただ人気取りだけを目的に〕広く施そうとし、世の人のあとになることをやめて、〔みずから〕先に立とうとすれば、〔たちまち困窮して〕死あるのみである』

なお、「成器」とは、しかるべき才能をもつ人のことであるが、ここは群臣の意。

夫《そ》れ慈は、以《もっ》て戦えば則《すなわ》ち勝ち、以て守れば則ち固し。天将《まさ》に之《これ》を救わんとし、慈を以て之を衛《まも》る。（六十七章—④）

『いったい慈愛の心は、それをもって戦えばかならず勝ち、それをもって守ればかならず鉄壁である。天もその人を救おうとして、慈愛をもって守護してくれる』

老子は仁を排するが、しかし、それはことさらな教条としての仁を排するのであって、おのずからなる慈愛は、むしろこれを肯定するものである（八八頁参照）。したがって、「三宝」の第一に「慈」をいうこと、かならずしも矛盾であるとはいえないが、しかし、『老子』の全般からみて違和感を覚えることは事実である。

第二の「倹」は、別に五十九章に、「人を治め天に事《つか》うるは嗇《しょく》に若《し》くは莫《な》し」と見える。「嗇」はつつましやかなことで、倹約とほとんど同義である。華美や虚飾を嫌う老子は、当然のこととして質素であることをよしとする。とくに為政者に対して、その奢侈《しゃし》を戒めるものである。③にいう「倹、故《ゆえ》に能く広し」の句は少し分かりにくいが、『韓詩外伝《かんしがいでん》』という書に、「君子は、身倹にして施すこと博《ひろ》し」とあることなどを参照して、「広」は「広く施す」意に解した。君主が倹約を持すれば、ことさら恩恵ということでなくて、おのずからして民に施すことになる、というのであろう。

第三の「人の先に立たない」から群臣の上に立てる」という発想は、柔弱謙下の功用として『老子』の随所に見える（第四章の5など）。「三宝」の教訓は、聖人と思われる「我」の言として述べられてはいるが、実質的には当世の君主に対する、きわめて現実的な要請である。老子の教説としては違和感のある「慈」も、君主に対する現実的要望であったと解すれば了解がつく。「倹」と「人の先に立たず」も、奢侈《しゃし》にふけり、権勢におごる当世の君主に教戒として適切である。結びの④は、「三宝」のうちとくに「慈」だけを取り出して、これを保持することの効験を述べるものであるが、その効験を戦争に関連させているのも、説得の効果を考えてのことなのであろう。

8　信言は美ならず、美言は信ならず（八十一章）

『老子』の巻末の言葉である。もっとも「帛書」によれば、このあとに六十七から七十九に至る十三の章が続く形になっているが、これは、「帛書」が晩出である十三の章をとりあえず巻末に付記した、ということであるらしい。ともあれ八十一章の三節は、それぞれに『老子』の主要な教説を取りまとめたかに思われる文であって、その意味で巻末を飾るにふさわしいといえる。

信言《しんげん》は美ならず、美言《びげん》は信ならず。善なる者は弁ぜず、弁ずる者は善ならず。知る者は博《ひろ》からず、博き者は知らず。（八十一章—①）

『信実の言葉は美しくない。美しい言葉は信実ではない。まことの善人は雄弁でない。雄弁の人は実は善人ではない。まことの知者は物知りではない。物知りはまことの知者ではない』

第一段は、漢文のままで示したほうがわかりやすい。

信言不美、美言不信。善者不弁、弁者不善。知者不博、博者不知。

初句は解説するまでもない。美辞麗句《びじれいく》を連ねたり、お世辞たらたらの言葉が信用できないことをいう。

第二句にいう「善者」は本章の2で述べたように「道」に志す人を指すかとも思われるが、ひろく常識的な善人であるかもしれない。要は冗舌を事としたり、弁舌さわやかにまくしたてる人に対する不信の表明である。老子は「不言の教」（二章）を信条としており、また「大弁は訥《とつ》なるが若し」（四十五章）、「多言数《しば》しば窮す、中《ちゅう》（虚静）を守るに如《し》かず」（五章）とも述べているのである。

第三句にいう「博」は世にいう物知りのこと。ほんとうの真実は世間の知によってではわからないのだ、という立場からの言である。

以上の三句は、たとえば「信言不美」と述べたあと、間髪を入れずに「美言不信」と畳みかけることによって、その主張を鮮明にし、強く訴える効果を狙った論法である。

ちなみに『老子』には、

知る者は言わず、言う者は知らず。（知者不言、言者不知）（五十六章）

という、同じ論法の言葉もある。

『ほんとうに知っている人はしゃべらない。べらべらしゃべる人は、実は何も知らないのだ』ということであって、古く諺として世に行われていたらしい。老子は、それを引用したわけである。この言葉は常識的には、いわゆる知ったかぶりを批判するだけのものと解してよいであろう。

しかし老子は、また別の意味を見いだしていたようである。世間の「知」や「知識」をしりぞける老子にとって、真実は「道」の世界にだけある。ところが、その「道」の世界は言葉では説明できない。そこで「ほんとうの真実を知る人はしゃべらない。しゃべる人はほんとうの真実を知らないのだ」と解していたらしい（第四章の4を参照）。

聖人は積まず、既《ことごと》く以《もっ》て人の為にして、己《おの》れ愈《いよ》いよ有り、既く以て人に与えて、

己れ愈《いよ》いよ多し。(八十一章―②)

『得道の聖人は自身にためこまない。何もかも他人の為にしながら、自身はさらに心豊かになっている。何もかも人に与えながら、自身はさらに所有(徳)がふえている』

第二段は、すべてを民のために放出して無欲に徹する聖人が、そのゆえにまことの意味での豊かさを得たさまを述べる。「積む」とは、取り込んで積み上げること。「既」は、ここでは「悉《ことごと》く」の意。

老子のいう聖人とは、実はほとんどが聖王である。つまり理想的帝王像として、そのあり方は、天下の統一を志す世の君主にとって、模範となるものであった。上文は、これまで世の君主に対しさまざまな形で柔弱謙下の治政をすすめてきた老子として、最後に重ねてその趣意を述べた、ということであろう。

天の道は、利して害せず、聖人の道は、為《な》して争わず。(八十一章―③)

『天のやり方は、万物に利益をもたらして害することがない。同じように聖人のやり方は、万民の為をはかって人と争わない』

上文もまた②と論旨を同じくするが、文末を「不争」で締めくくったのは、それが老子の教訓として最も重要だったからであろう。

本書は、一九八四年十一月、集英社刊「中国の人と思想4」の『老子』を底本としました。

楠山春樹（くすやま　はるき）

1922年，東京都生まれ。早稲田大学文学部東洋哲学科卒業。中国思想史専攻。現在，早稲田大学名誉教授。文学博士。著書に『老子伝説の研究』『老子〈中国の人と思想４〉』『道家思想と道教』『老子の人と思想』，訳書に『淮南子(上・中・下)〈新釈漢文大系〉』『呂氏春秋（上・中・下）〈新編漢文選〉』『「老子」を読む』（ＰＨＰ文庫）などがある。

講談社学術文庫

定価はカバーに表示してあります。

老《ろう》子《し》入門《にゅうもん》

楠山《くすやま》春《はる》樹《き》

2002年12月10日　第１刷発行
2007年７月20日　第６刷発行

発行者　野間佐和子
発行所　株式会社講談社
東京都文京区音羽2-12-21 〒112-8001
電話　編集部（03）5395-3512
販売部（03）5395-5817
業務部（03）5395-3615

装　幀　蟹江征治
印　刷　豊国印刷株式会社
製　本　株式会社国宝社

ISBN4-06-159574-1

「講談社学術文庫」の刊行に当たって

これは、学術をポケットに入れることをモットーとして生まれた文庫である。学術は少年の心を養い、成年の心を満たす。その学術がポケットにはいる形で、万人のものになることは、生涯教育をうたう現代の理想である。

こうした考え方は、学術を巨大な城のように見る世間の常識に反するかもしれない。また、一部の人たちからは、学術の権威をおとすものと非難されるかもしれない。しかし、それはいずれも学術の新しい在り方を解しないものといわざるをえない。

学術は、まず魔術への挑戦から始まった。やがて、いわゆる常識をつぎつぎに改めていった。学術の権威は、幾百年、幾千年にわたる、苦しい戦いの成果である。こうしてきずきあげられた城が、一見して近づきがたいものにうつるのは、そのためである。しかし、学術の権威を、その形の上だけで判断してはならない。その生成のあとをかえりみれば、その根は常に人々の生活の中にあった。学術が大きな力たりうるのはそのためであって、生活をはなれた学術は、どこにもない。

開かれた社会といわれる現代にとって、これはまったく自明である。生活と学術との間に、もし距離があるとすれば、何をおいてもこれを埋めねばならない。もしこの距離が形の上の迷信からきているとすれば、その迷信をうち破らねばならぬ。

学術文庫は、内外の迷信を打破し、学術のために新しい天地をひらく意図をもって生まれた。文庫という小さい形と、学術という壮大な城とが、完全に両立するためには、なおいくらかの時を必要とするであろう。しかし、学術をポケットにした社会が、人間の生活にとってより豊かな社会であることは、たしかである。そうした社会の実現のために、文庫の世界に新しいジャンルを加えることができれば幸いである。

一九七六年六月

野間省一

橋本左内《さない》著／伴 五十嗣郎全訳注
啓発録《けいはつろく》 付 書簡・意見書・漢詩

明治維新史を彩る橋本左内が、若くして著した『啓発録』は、自己規範・自己鞭撻の書であり、彼の思想や行動の根幹を成す。書簡・意見書は、世界の中の日本を自覚した気宇壮大な思想表白の雄篇である。

568

諸橋轍次著
孔子・老子・釈迦「三聖会談」

孔子・老子・釈迦の三聖が一堂に会し、自らの哲学を語り合うという奇想天外な空想鼎談。三聖の世界観や人間観、また根本思想や実際行動が、比較対照的に鮮やかに語られる。東洋思想のユニークな入門書。

574

宇野《うの》哲人《てつと》全訳注（解説・宇野精一）
大学

修己治人、すなわち自己を修練してはじめてよく人を治め得る、とする儒教の政治目的を最もよく組織的に論述した経典。修身・斉家・治国・平天下は真の学問の修得を志す者の熟読玩味すべき哲理である。

594

宇野哲人全訳注（解説・宇野精一）
中庸《ちゅうよう》

人間の本性は天が授けたもので、それを〝誠〟で表し、「誠とは天の道なり、これを誠にするのは人の道なり」という倫理道徳の主眼を、首尾一貫、渾然たる哲学体系にまで高め得た、儒教第一の経典の注釈書。

595

宮本武蔵著／鎌田茂雄全訳注
五輪書

一切の甘えを切り捨て、ひたすら剣に生きた二天一流の達人宮本武蔵。彼の遺した『五輪書』は、時代を超えて我々に真の生き方を教える。絶対不敗の武芸者武蔵の兵法の奥儀と人生観を原文をもとに平易に解説。

735

洪自誠《こうじせい》著／中村璋八・石川力山訳注
菜根譚《さいこんたん》

儒仏道の三教を修めた洪自誠の人生指南の書。菜根とは粗末な食事のこと。そういう逆境に耐えてこそこの世を生きぬく真の意味がある。人生の円熟した境地、老獪極まりない処世の極意などを縦横に説く。

742

西洋哲学史
今道友信《いまみちとものぶ》著
西洋思想の流れを人物中心に描いた哲学通史。古代ギリシアに始まり、中世・近世・近代・現代に至る西洋の哲人たちは、人間の魂の世話の仕方をいかに主張したか。初心者のために書き下ろした興味深い入門書。
787

老子の思想　タオ・新しい思惟への道
張《チャン》　鍾《チユン》　元《ユアン》著／上野浩道訳
本書は今なお、世界の思想に大きな影響を与えている老子の『道徳経』を、ハイデッガーや西田哲学、ユングなど現代思想の観点から捉えなおした。従来の思想のパラダイムを変える新しい思惟の道を拓く刮目の書。
789

内省《ないせい》と遡行《そこう》
柄谷行人《からたにこうじん》著（解説・浅田　彰）
〈外部〉に出ること、これが著者がめざした理論的仕事の課題である。内部すなわち形式体系に自らを閉じこめ、徹底化することで自壊させようと試みた思考の軌跡を辿り、「内省」から始まる哲学理論の批判を提示。
826

荘子《そうじ》物語
諸橋轍次著
五倫五常を重んじ、秩序・身分を固定する孔孟の教えに対し、自由・無差別・無為自然を根本とする老荘の哲学。昭和の大儒諸橋博士が、その老荘思想を縦横に語り尽くし、わかりやすく説いた必読の名著。
848

〈近代の超克《ちょうこく》〉論　昭和思想史への一視角
廣松　渉著（解説・柄谷行人）
太平洋戦争中、各界知識人を糾合し企てられた一大座談会があった。題して「近代の超克」――。京都学派の哲学に焦点をあて、本書はその試みの歴史的意義と限界を剔抉する。我々は近代を〈超克〉しえたのか。
900

遊びと人間
R・カイヨワ著／多田道太郎・塚崎幹夫訳
超現実の魅惑の世界を創る遊び。その遊びのすべてに通じる不変の性質として、カイヨワは競争、運、模擬、眩暈を提示し、これを基点に文化の発達を解明した。遊びの純粋なイメージを描く遊戯論の名著である。
920

木田　元著
現代の哲学

現代哲学の基本的動向からさぐる人間存在。激動する二十世紀の知的状況の中で、フッサール、メルロ＝ポンティ、レヴィ＝ストロースら現代の哲学者達が負った共通の課題とは？　人間の存在を問う現代哲学の書。

968

市川　浩著
ベルクソン

事象そのものに向かい、具体的な事象の屈曲にそって考察する方法を特徴とするベルクソンの哲学。分析的科学主義の行き詰りを打破し、思想界に与えた影響を解説。現代の思想を導くベルクソンの思想と生涯。

971

廣松　渉著（解説・熊野純彦）
世界の共同主観的存在構造

世界像の共同主観性の存在論的基礎づけとは。言葉による認識の媒介、更に世界像の歴史的、社会的な相対性という事実に定位しつつ、その事実、ひいてはイデオロギーが存立する事態を究明すべき構図を提出する。

998

柄谷行人著（解説・島弘之）
反文学論

いま必要なものは文学理論ではなく「文学」に対抗する理論である。70年代後半の個々の日本の文学状況について独自の立場からするどく発言した話題の文芸時評集。闘争する批評家柄谷行人の異色文芸時評！

1001

金谷《かなや》　治《おさむ》著（解説・楠山春樹）
淮南子《えなんじ》の思想

無為自然を道徳の規範とする老荘の説を中心に、周末以来の儒家、兵家などの思想をとり入れ、処世や政治、天文地理から神話伝説まで集合した淮南子の人生哲学の書。諸子から戦国時代までを網羅した中国思想史。

1014

柄谷行人著（解説・野家啓一）
探究Ⅰ・Ⅱ

闘争する思想家・柄谷行人の意欲的批評集。本書は《他者》あるいは《外部》に関する探究である。著者自身をふくむこれまでの思考に対する「態度の変更」を意味すると同時に知の領域の転回までも促す問題作。

1015・1120

哲学・思想

新田義弘著（解説・鷲田清一）
現象学とは何か
《客観的》とは何か。例えばハエもヒトも客観的に同一の世界に生きているのか。そのような自然主義的態度を根本から疑ったフッサールの方法論的改革の営為を追究。危機に瀕する実在論的近代思想の根本的革新。

1035

市川　浩著（解説・河合隼雄）
〈身《み》〉の構造　身体論を超えて
空間がしだいに均質化して、「身体は宇宙を内蔵する」という身体と宇宙との幸福な入れ子構造が解体してゆく今日、我々にはどのようなコスモロジーが可能かを問う。身体を超えた錯綜体としての〈身〉を追究。

1071

山川偉也《やまかわひでや》著
古代ギリシアの思想
理性＝ロゴスへの不信。しかし近代文明を改良し更に人類理想の実現を目指す時、理性の他の何に頼れるのか。いま一度ロゴスの原郷古代ギリシア思想から始めよう。近代文明を育んだ古代ギリシア思想の光と影。

1075

柄谷行人著
言葉と悲劇
闘争する批評家・柄谷行人の代表的講演集。「漱石の多様性」「江戸の注釈学と現在」「ファシズムの問題」等、文学から歴史、思想まで作者の広大な思考経路を示す十五編を収録。刺激的な知の世界が展開する。

1081

森　三樹三郎著
老子・荘子
東洋の理法の道の精髄を集成した老荘思想。無為自然に宇宙の在り方に従って生きることの意義を説いた老荘。彼らは人性の根源を探究した。仏教や西洋哲学にも多大な影響を与えた世界的思想の全貌を知る好著。

1157

柄谷行人著
差異としての場所
走りつづける思想家・柄谷行人の注目の論考。『隠喩としての建築』と『批評とポスト・モダン』の中から、さまざまな現代の知の構造を著者独自の視点で再構築し、改めて世に問う最新作。

1230

《講談社学術文庫　既刊より》

哲学・思想

ヘーゲル
城塚　登著

近代ドイツ最大の哲学者ヘーゲルの生と思想。現代哲学の母胎とされるヘーゲル哲学。論理学、精神哲学等々、壮大な哲学体系を構築したヘーゲルの生涯をたどりつつ、広範にわたるその思想の本質に迫る。

1270

プラトン
斎藤忍随《にんずい》著

古代ギリシアの大哲学者プラトンの生と思想。哲学を学問として大成し、西欧の哲学にはかりしれない影響を与えたプラトン。その生涯をたどりつつ、イデア論を中心とした理想主義哲学の本質に迫る恰好の入門書。

1274

プラトン対話篇**ラケス**　勇気について
プラトン著／三嶋輝夫訳

プラトン初期対話篇の代表的作品、新訳成る。「勇気とは何か」「言と行の関係はどうあるべきか」を主題に展開される問答。ソクラテスの徳の定義探求の好例とされ、構成美にもすぐれたプラトン初学者必読の書。

1276

老子　無知無欲のすすめ
金谷　治著

無知無欲をすすめる中国古典の代表作『老子』。無為自然を尊ぶ老子は、人間が作りあげた文化や文明に懐疑を抱き、鋭く批判する。「文化とは何か」というその本質を探り、自然思想を説く老子を論じた意欲作。

1278

孫子
浅野裕一著

人間界の洞察の書『孫子』を最古史料で精読。春秋時代末期に書かれ、兵法の書、人間への鋭い洞察の書として名高い『孫子』を新発見の前漢末の竹簡文をもとに解読。組織の統率法や人間心理の綾など詳細に説く。

1283

現象学の視線　分散する理性
鷲田清一著

生とは、経験とは、現象学的思考とは何か。〈経験〉を運動として捉えたフッサール、変換として捉えたメルロ＝ポンティ。現代思想の出発点となった現象学の核心を読み解き、新たなる可能性をも展望した好著。

1302

中国的思考　儒教・仏教・老荘の世界
蜂屋邦夫著

天、徳、道、空、無。中国的なるものに迫る。物的自然であると共に神秘的創造神であった「天」、宇宙的原理「道」、一切を生み出す根源としての「無」。万物を知的・独創的に読み解き続けた中国の思惟の輝き。

1523

学問の世界　碩学に聞く
加藤秀俊・小松左京編

大文字版

東西碩学五氏が語る学問の歓び、学問の秘密。人文研育ての親・桑原武夫、東洋史学の開拓者・貝塚茂樹、霊長類学の父・今西錦司、騎馬民族説の江上波夫、近代理論経済学の中山伊知郎。日本の知的風土に迫る。

1531

哲学する心
梅原　猛著

独創的思想家が熱っぽく語る第一エッセイ集。哲学の意義、日常性の哲学の大切さ、日本への思い、仏教思想の再認識……。哲学のみならず他の学問領域にまでも踏み込み、洞察力に満ちた思索を縦横に展開する。

1539

西田幾多郎の思想
小坂国継著

自己探究の求道者西田の哲学の本質に迫る。強靭な思索力で意識を深く掘り下げた西田幾多郎。西洋思想と厳しく対決して、独自の体系を構築。西田哲学とはどのようなものか。その性格と魅力を明らかにする。

1544

吉田松陰　留魂録
古川　薫全訳注

大文字版

死を覚悟して執筆した松陰の遺書を読み解く。志高く維新を先駆した思想家、吉田松陰。安政の大獄に連座し、牢獄で執筆された『留魂録』。松陰の愛弟子に対する最後の訓戒で、格調高い遺書文学の傑作の全訳注。

1565

無門関を読む
秋月龍珉著

無の境地を伝える禅書の最高峰を口語で読む。公案四十八則に評唱、頌を配した『無門関』は『碧巌録』と双璧をなす名著。悟りへの手がかりとされながらも、難解で知られるこの書の神髄を、平易な語り口で説く。

1568

易の話　『易経』と中国人の思考　大文字版

金谷　治著

占い書にして思想の書『易経』を易しく解説。儒教の重要な経典として「五経」の筆頭におかれた『易経』。二千余年来の具体的な占い方を解説しつつ「易」と歩んだ中国人の自然・人生・運命観を探る大文字本。

1616

ギリシア・ローマ哲学者物語

山本光雄著

知の達人たちの犀利な思考と波乱万丈の人生。人の心から宇宙の果てまで、知を極限まで追究したソクラテスら古代の巨匠たち。その鋭い思考、奇想天外な発想、不思議な奇行、温かい師弟関係等を生き生きと描く。

1618

「いき」の構造

九鬼周造著／藤田正勝全注釈

「粋」の本質を解明した名著をやさしく読む。いきとは何か？　ヨーロッパ現象学を下敷に歌舞伎、清元、浮世絵等芸術各ジャンルを渉猟、その独特の美意識を追究。近代日本の独創的哲学に懇切な注・解説を施す。

1627

樫山欽四郎著（解説・伴　一憲）

哲学の課題　樫山欽四郎哲学論集

哲学する意味と楽しみがにじみ出た論文集。熱っぽく、そして噛んで含めるような名講義。何よりも哲学を愛したヘーゲル研究の第一人者が現代における我々の生き方とありようを懸命に模索した論考を収録。

1636

論語　全訳注

加地伸行著

人間の生き方の原点を見つめた永遠の古典であり、人間性を磨く豊かな叡智の宝庫『論語』。読めば読むほど胸に深く沁み込む簡潔な言葉の数々。儒教学の第一人者が独自の見解を披露。『論語』の精神が一段と輝く。

1640

アリストテレス

今道友信著

「万学の祖」の人間像と細緻な思想の精髄。人間界、自然界から神に至るまで、森羅万象の悉くを知の対象とした不朽の哲人アリストテレス。その人物と生涯、壮大な学問を、碩学が蘊蓄と情熱を傾けて活写する。

1657

宗　教

法然《ほうねん》と親鸞《しんらん》の信仰（上）（下）
倉田《くらた》百三《ひゃくぞう》著（解説・稲垣友美）
本書では、法然の「一枚起請文」と、親鸞の『歎異抄』を中心として、浄土宗と浄土真宗の信仰が平易にしかも奥所をつきつめて説かれる。倉田百三の熱っぽい語り口は、読者の心を動かさずにはおかない。
155・156

仏陀《ぶつだ》の観《み》たもの
鎌田茂雄著
仏教は一体どんな宗教であり、どういう教えを説いてきたのだろうか。本書は難解な仏教の世界をその基本構造から説き起こし、仏教の今日的な存在意義を明らかにする。只今を生きる人のための仏教入門書。
174

新約聖書名言集
小嶋《おじま》　潤《じゅん》著
新約聖書の真髄をわかりやすく解説した好著。キリスト＝イエスの事跡を記した共観福音書、またパウロの書簡などから名句・名言を選び、その意味や歴史的背景を詳述。読者を宗教的醍醐味へと誘う好著。
281

新約聖書　共同訳・全注
共同訳聖書実行委員会訳（注・解説・堀田雄康）
カトリックとプロテスタントが、共同して翻訳した本邦初の『新約聖書』。興味深い注が付してあるので、新約の世界とその時代が、読者の眼前にありありと甦る。これからの時代の万人向け聖書の決定版。
318

釈尊《しゃくそん》のさとり
増谷文雄著
長年に亘って釈尊の本当の姿を求めつづけた著者は、ついに釈尊の菩提樹下の大覚成就、すなわち「さとり」こそ直観であったという結論を導き出した。釈尊の真実の姿を説き明かした仏教入門の白眉の書。
344

禅とはなにか
鎌田茂雄著
禅に関心をよせる人は多い。だが、禅を理解することは難しい。本書は、著者自らの禅修行の体験を踏まえ、禅の思想や禅者の生き方、また禅を現代にどう生かすか等々、禅の全てについて分りやすく説く。
409

《講談社学術文庫　既刊より》

宗　教

石田瑞麿《みずまろ》著
教行信証《きょうぎょうしんしょう》入門

浄土の真実の心を考えるとき、如来の恵みである浄土に生まれる姿には、真実の教えと行と信とさとりがあるという。浄土真宗の根本をなす親鸞の「教行信証」を諄々と説きながらその思想にせまる格好の入門書。

902

鎌田茂雄著
維摩経《ゆいまぎょう》講話

維摩経は、大乗仏教の根本原理、すなわち煩悩即菩提《ぼんのうそくぼだい》を最もあざやかにとらえているといわれる。在家の信者の維摩居士が主役となって、出家者の菩薩や声聞を相手に、生活に即した教えを活殺自在に説き明かした。

919

早島鏡正《はやしまきょうしょう》著
ゴータマ・ブッダ

さとりを得ても、なお道を求めて歩みつづけたゴータマ・ブッダ。信仰の対象として神格化され、堂奥に祀られていたブッダを、永遠の求道者、人間ブッダとして把え、仏教を「道」の体系として究明した卓越の書。

922

鏡島元隆《かがみしまげんりゅう》著
道元禅師語録《どうげんぜんじごろく》

仏法の精随を伝えて比類ない道元禅師の語録。道元の思想と信仰は、「正法眼蔵」と双璧をなす「永平広録」に最も鮮明かつ凝縮した形で伝えられている。思慮を傾けた高度な道元の言葉を平易な現代語訳で解説。

944

道元著／中村璋八他訳
典座教訓《てんぞきょうくん》・赴粥飯法《ふしゅくはんぽう》

典座とは、禅の修行道場における食事を司る役をいい、赴粥飯法とは、僧堂に赴いて食事を頂く作法をいう。両者の基本にあるものこそ真実の仏道修行そのものと説く。食の仏法の平等一如を唱えた道元の食の基本。

980

鎌田茂雄著
観音経講話《かんのんきょうこうわ》

宇宙の根本原理を説く観音経のこころ。時代と地域を超えて信仰されてきた観世音菩薩。そして最も広く読誦されてきた観音経。道元や明恵などの仮名法語を引用しつつ、観音経典の真髄を平易に解説した好著。

1000

宗　教

アウグスティヌス講話
山田　晶著（解説・飯沼二郎）

アウグスティヌスの名著『告白』を綿密に分析し「青年期は放蕩者」とした通説を否定。また「創造と悪」の章では道元との共通点を指摘するなど著者独自の解釈が光る。第一人者が説く教父アウグスティヌスの実像。

1186

道教の神々
窪　徳忠著

道教の神々の素顔に迫る興味尽きない研究書。日本の習俗や信仰に多大の影響を及ぼした道教。鍾馗や竈の神など、中国唯一の固有宗教といわれる道教の神々を紹介。道教研究に新局面を拓いた著者の代表作。

1239

親鸞
笠原一男著

真宗研究の第一人者が書き下ろした親鸞入門。「悪人正機」を説き「妻帯」を実践して、既成宗教の思想を否定した親鸞。流罪、遍歴、長子善鸞の義絶等々、起伏に富んだ九十年の生涯の言と行とにその思想を探る。

1288

宗教学入門
脇本平也著（解説・山折哲雄）

人間生活に必要な宗教の機能と役割を説く。宗教学とは何か。信仰や伝道とは無縁の立場から世界の多宗教を客観的に比較考察。宗教を人間の生活現象の一つとして捉え、その基本知識を詳述した待望の入門書。

1294

法然
大橋俊雄著

鎌倉仏教の先がけ、法然上人の思想と人間像。数多の教えから専修念仏だけを選びとり、浄土宗を開いた法然。八十年の生涯の言動のうちに人間法然の実像を探る。『選択本願念仏集』撰述八百年記念書き下ろし。

1326

玄奘三蔵　西域・インド紀行
慧立・彦悰著／長澤和俊訳

天竺の仏法を求めた名僧玄奘の不屈の生涯。七世紀、大唐の時代に中央アジアの砂漠や天に至る山巓を越えて聖地インドを目ざした求法の旅。更に経典翻訳の大事業に生涯をかけた玄奘三蔵の最も信頼すべき伝記。

1334